书山有路勤为径，优质资源伴你行

注册世纪波学院会员，享精品图书增值服务

5D PROJECT LEADERSHIP

5D 项目领导力

The Secret of
Successfully Delivering
Project Value in the VUCA Era

在巨变时代
成功交付项目价值的奥妙

张 斌 许秀影 陈信祥 著

电子工业出版社
Publishing House of Electronics Industry
北京·BEIJING

图书在版编目（CIP）数据

5D项目领导力：在巨变时代成功交付项目价值的奥妙 / 张斌，许秀影，陈信祥著. —北京：电子工业出版社，2023.7

ISBN 978-7-121-46009-8

Ⅰ.①5… Ⅱ.①张… ②许… ③陈… Ⅲ.①领导学—研究 Ⅳ.①C933

中国国家版本馆CIP数据核字（2023）第133360号

责任编辑：卢小雷
印　　刷：天津图文方嘉印刷有限公司
装　　订：天津图文方嘉印刷有限公司
出版发行：电子工业出版社
　　　　　北京市海淀区万寿路173信箱　　邮编100036
开　　本：720×1000　1/16　　印张：13.5　字数：180千字
版　　次：2023年7月第1版
印　　次：2023年7月第1次印刷
定　　价：88.00元

凡所购买电子工业出版社图书有缺损问题，请向购买书店调换。若书店售缺，请与本社发行部联系，联系及邮购电话：（010）88254888，88258888。

质量投诉请发邮件至zlts@phei.com.cn，盗版侵权举报请发邮件至dbqq@phei.com.cn。

本书咨询联系方式：（010）88254199，sjb@phei.com.cn。

只有抓牢项目表象背后的不变原则，只有确立管理艺术背后的科学维度，只有融通西方理念背后的中国智慧，才能形成巨变时代有效的项目领导力，而本书的价值正在于此。

——丁荣贵 教授

国际项目管理协会副主席

项目领导力是项目成功的关键。作者基于丰富的实践经验和深厚的理论功底，探索项目领导力的力量根源及影响机理，并运用热度、高度、广度、深度、进度这五个维度和易经八卦描述了项目领导力的8项原则及40种状态，给出了全面定量评估和提升项目领导力的实操方法，非常值得项目管理同行学习和参考。

——王守清 博士

清华大学PPP研究中心首席专家，清华大学教授/博导

本书的项目领导力模型可以有效指导人们基于能力提升，为交付价值而从高度、广度、深度和进度持续培养领导力，具有很好的理论价值和应用价值。

——汪小金 博士

云南大学教授

《PMBOK®指南》第4版和第5版中译审校委员会主任

项目的背后是团队，团队的背后是领导者。项目领导力得到提升，项目的价值就会更好地实现。项目领导力，作为一门新学科，既涉及项目管理技术，也涉及项目领导力艺术，是典型的跨界成果。本书开创了在项目领导力方面的实证研究，从5个不同的维度，对项目领导力的实践与应用进行了深入的阐述，并最终形成了一套独具特色的项目领导力模型。真心力荐这本新书！相信项目领导力的力量！正如作者在书中所说：项目领导力既是科学，也是艺术，最终要通过保持并调整自身和团队的能量状态，以适应客户需求的变化，同时动态地整合有限的资源，以实现项目独特的价值。

——沈小滨

《领导力》译者，中国企业领导力发展中心首席顾问

中国项目管理标准化技术委员会委员

在繁多的领导力著作之中，本书更具人文智慧，它追根溯源，独树一帜！在世界巨变的当下，本书融合了中国《易经》的智慧，践行了项目领导力的本土化，这无疑更加凸显其现实性和独创性。

——张宝忠

中兴通讯中国区PMO总经理、运营管理部副部长

《5D项目领导力》以独特、创新的视角，提出了项目领导力的5个维度及其核心能力，它以热度能量为核心，运用易经八卦来描绘项目领导力的高度、广度、深度和进度，构建了一个融合中西、科学与艺术的领导力发展系统。作者不仅观察领导行为，而且深入探寻行为背后的心态和情绪，以能量级别描述了不同的项目领导力状态。这种独特的领导力理解方

式，使读者能够从源头提升和改善自身的领导力，自然地展现出库泽斯和波斯纳在《领导力》一书中提出的卓越领导者的五种习惯行为和十大承诺，从而在组织中成就卓越。值得项目经理们学习！

——徐中 博士

《领导力》译者，智学明德国际领导力中心创始人

作为一名企业管理者，我自然读过不少项目管理方面的书，收获或多或少。近日拜读了张斌老师、许秀影老师和信祥学长共同撰写的《5D项目领导力》，酣畅淋漓，大开眼界，非常有共鸣。他们都是有丰富实践经验的管理大家。当下，对于我们这些企业管理者和那些即将成为管理者的人员来讲，本书无疑是一本非常好的教科书，十分值得一读。

——唐振明 博士

中软国际公司党委书记、执行董事、高级副总裁

静态计划下聚焦项目成果交付的传统思维导致大量项目因未能充分满足需求而失败，这催生了敏捷模式和聚焦项目价值交付的思考与实践。本书深刻剖析了这一新模式所需的项目领导力模型和领导力构建的奥妙，值得一读！

——强茂山 教授

清华大学博导

中国管理科学学会项目管理专业委员会主任

看过很多西方的领导力著作，读了本书则让我有耳目一新的感觉。作者基于中国传统的易经八卦，结合近现代物理学、心理学等概念，创造性

地提出了热度、高度、广度、深度、进度这5个领导力维度，并将它们与项目管理中的知识领域、原则、绩效域等要素加以结合，提出了一个适用于项目环境的全新领导力模型，这堪称中国项目管理界的一大突破。

——傅永康

清晖项目管理创始人、董事长

《PMBOK指南®》第7版中文审校组成员

随着我国项目管理的快速、稳定发展，人们对项目管理类书籍的需求也逐渐增加。可喜的是，在我国的图书市场中，项目管理类书籍种类繁多，琳琅满目，在一定程度上满足了广大读者和项目管理专业人士的需要。当前，数字时代已然到来，数字时代的"易变性、不确定性、复杂性和模糊性"给企业的数字化转型提出了极大的挑战。人们迫切需要一本讲述如何在复杂的环境中顺利交付项目价值，进而引导项目成功的图书。张斌、许秀影和陈信祥三位博士的新作《5D项目领导力》，正是组织应对复杂变化的项目环境，摆脱常规制度流程无法应对的项目困境，提升项目绩效的详细且具有可操作性的指导，并能为项目管理者进行领导力赋能。

不仅如此，本书还将中国传统文化的智慧结晶与国际最前沿的研究成果相结合，用项目管理案例的深入剖析和通俗生动的语言，对项目管理的领导力理论进行深化和拓展，挖掘出领导力的核心本质。本书既有理论模型的系统介绍，又有实践技术的应用方法。通过现象看本质，通过行为看状态，通过层层递进的能量级别描述不同的项目领导力状态，进而展示提升项目领导力的途径。

本书的突出贡献是，对项目管理中的领导力模型进行了迭代和优化，创造性地提出了"项目领导力5维模型"（PL5D）、项目领导力的8项重要原则和40种领导力状态。不仅适用于不同的行业，有利于企业的应用，而且为项目管理专业人士进行深入思考提供了底层逻辑。

本书的三位作者在项目管理领域进行了多年的理论研究、教学实践和企业应用，他们对项目管理充满热情，也积累了丰富而宝贵的经验。他们三人相互讨论，相互"碰撞"，将智慧的火花归纳和整理，成就了这部精彩的作品。这种有益的探索和分享不仅有助于推动项目管理的进一步发展，而且能为广大奔走于项目管理实践之路的人起到"逢山开路，遇河架桥"的作用。

万金发

中国国际人才交流与开发研究会副会长

张斌、许秀影和陈信祥三位博士所著新书《5D项目领导力》，是一部有助于理解项目领导力奥妙的重要书籍。三位作者多年从事项目管理研究与实践，具有丰富的经验，通过结合易经八卦，借助中国传统文化的深厚底蕴，建立起一个综合性的项目领导力模型——PL5D项目领导力模型，提供了理解和提升项目领导力的全新视角。模型的独特之处在于，揭示了项目领导力的五个基本要素："热度""高度""广度""深度"和"进度"。热度指的是领导者的热情和激情，这是推动项目向前发展的重要内驱动力，并显现在与高度、广度、深度、进度相关的项目领导力实践中。

大量项目管理研究和实践证实了，一位出色的项目领导者不仅需要卓越的技术技能，更需要深入理解项目的动态性和复杂性，并能够在不断变化的环境中迅速做出最佳的决策，从而带领团队前进。本书作者结合易经八卦，进一步揭示了项目领导力的这种动态性和复杂性。易经八卦以自然界的变化为基础，阐述了事物变化的规律和道理。同样，项目领导力也不是一成不变的，需要随项目、项目目标和环境的变化而进行调整和适应。这种灵活性和动态性正是项目领导力的重要特质。本书有助于我们在复杂的项目环境中，更好地应对项目管理的挑战，它既提供了理论框架，又提供了实际的操作方法，能帮助我们加深对项目领导力的理解，使项目领导力不再是一个抽象的概念，而是可以从热度、高度、广度、深度、进度这五个维度来具体理解和描绘的。从实践应用的角度来看，本书还能帮助我们进一步评测、培养和提升项目领导力，推动我们的项目向前发展。我相信，读者能从本书中得到需要的知识和启示。毫无疑问，本书也将在项目管理领域对学术研究和实践工作产生良好的影响。

华罗庚教授对于"双法"的推广和应用，促进了管理科学在国民经济中的广泛应用，并取得了显著成效；钱学森教授在国防尖端技术研究中大力推动系统工程科学方法，以他们为代表的老一辈科学家和实践者，奠定了我国现代管理科学和项目管理的深厚理论与实践基础。今天，我们处于实现中华民族伟大复兴的中国梦和实现中国式现代化的伟大时代，期盼有更多的中国项目管理工作者与时俱进、自主创新，奉献更多更好的著作，提供项目管理的中国方案，讲好中国项目管理的故事。

陈德泉教授

中央财经大学管理科学与工程学院原名誉院长

中国"双法"研究会原理事长、华罗庚实验室原主任

中国科学院科技战略咨询研究院研究员

人工智能、大数据等技术的飞速发展，使我们正处于一个动荡、不确定、复杂和模糊的巨变时代。巨变带来毁灭也带来机会，现在正是抓住机会创造价值的项目经济时代。对于所有的变化，组织都应该将项目作为最佳的应对手段。所有可总结、规律化的项目很快会被AI执行，而在动荡、复杂、混乱的情境下，对于为组织创造最大价值的项目来说，其成功的关键将回归到人。随着人的因素变得越来越重要，项目领导者与团队的领导力也愈发重要。项目领导力的作用日益凸显。项目的难度越大，需求越易变，创造的价值越高，对领导力的需求就越大。所有项目的实施都是"变革"，都将组织由现在的状态转变为未来状态。变革大师约翰·科特说："当谈到变革时，真的完全与领导力有关。"

作者团队长期耕耘传统项目和敏捷项目，奋战在实践、培训与教育、顾问和辅导的第一线，都下过功夫学习、研究、实践西方项目管理的思想和理论，熟知IPMA与PMI项目管理体系。作为组织级项目管理专家和敏捷项目管理专家，我们的培训和辅导都会从组织层面来协助企业获得项目的成功。我们在执行与辅导项目时已察觉，即使采用最好的组织级项目管理方法，遵循各种项目管理标准，在巨变时代还不足以让项目成功，而领导力才是项目成功的关键。因此，我们一直在探索提升项目领导力的做法。

PMI 于 2021年出版的《项目管理知识体系指南（PMBOK®指南）》（第7版）特别强调，项目领导者必须在适当的时间应用适当的领导力。本书就如何定义、衡量和提高项目领导者的领导力提出了详细的、有操作性的建议。

华为等中国标杆企业已经把项目管理作为巨变时代企业发展的根能力。华为项目管理认证知识体系引用了领导力经典著作《领导力：如何在组织中成就卓越》所提的五类卓越领导力习惯行为，即以身作则、共启愿景、挑战现状、使众人行、激励人心。但越来越多的人发现，在实践具体的卓越领导力习惯行为时，很难找到达到预期效果的途径和方法。

我们经过长期的实践，深入探索，认识到项目领导力行为底层的力量根源（信念、毅力、勇气等），它超越了制度流程，是人们应对变化的力量，是项目成功的真正主因。

能量状态影响人的行为。项目领导者如果在实践上述卓越领导力习惯行为时看不到成效，通常是因为他们不具备对应的领导力能量状态。所以，如何锻炼、培养自己以达到理想、必要的领导力能量状态，或者当自己未处在最佳状态时，如何识别自己的状态并将其调整到最佳，就变得极为重要了。

真正了解自己的能量状态，能从源头改善、提高自己的领导力状态，就能展现卓越领导力行为，从而带领团队达成或超越预期成果。

我们发现，用中国五千年智慧结晶《易经》与量子力学理论解释项目领导力的核心本质，通过现象看本质，通过行为看状态，通过不同的能量振动级别来描述不同的项目领导力状态，更能系统地衡量、评价和改善领导者、团队及组织的领导力水平。因此，本书提出了适合在巨变时代实践和全面提升项目领导力的PL5D项目领导力模型（Project Leadership 5-Dimensional model，PL5D）。

PL5D项目领导力模型的5个维度及核心能力为：热度（熵减赋能力）；高度（愿景校准力）；广度（信任统合力）；深度（安心专注力）；进度（喜悦交付力）。以热度的能量状态为核心，运用易经的8个卦象来描述项目领导力的高度、广度、深度和进度所对应的8项重要原则。每项原则有5种热度状态级别（没有力量、负面力量、天赋力量、成就力量、完美力量），共计40种领导力状态。

作者的长期思考与《领导力：如何在组织中成就卓越》不谋而合的地方是："在所有支撑领导者不懈奋斗的因素中，爱的效力最为持久。领导力的培养不仅需要头脑，更需要一颗爱心。"领导者必须找到方法，为商业活动注入更深入的、更振奋人心的信念和理想，追求真理、爱和美好。这似乎已经抓住了问题的核心，然而如何把追求"真理、爱和美好"的过程真正变成可以看见、可以实践、可以测评、可以衡量的行为状态，这不是用一句"保持一颗爱心"就可以解决的，而是迫切地需要一个全面的、有效的、可量化的项目领导力模型来指导实践者，这正是我们想要通过这本书向广大读者传递的价值。

作者从2019年开展"项目领导力"培训课程，旨在使学员能从领导力出发，确立共同的项目愿景，凝聚团队，愉悦且高效地交付项目成果，为客户创造价值。参加培训课程的学员都来自业界，是有多年项目管理（或执行）经验的组织高管、项目经理、项目成员。在培训课程结束后，大家不仅感到有收获，还鼓励我们出书，以将我们对项目领导力的理解和原创的模型传播给更多的人。在几年的努力后，我们终于完成了本书的初稿。我们称本书为"爱的产物"，正是我们对项目和项目管理的热爱，对中华文化的热爱，对生命的热爱，促使我们坚持完成了任务，也希望本书能为读者提升项目领导力贡献一份力量。

本书共10章，第一章简述在巨变时代项目管理面临的挑战与应对策略，包含华为项目管理及《PMBOK®指南》（第7版）在巨变时代的变革意味着什么。作者将项目管理的12项原则和8个绩效域归纳为三类原则与三类绩效域。三类原则是赋能、成事、应变；三类绩效域是怎么带人、怎么做事、怎么应变。

第二章综述PL5D项目领导力模型，包含构思与模型简介。

第三章介绍项目领导力热度：熵减赋能力，包含项目领导力热度状态阶梯图及领导力能量状态级别。

第四章介绍项目领导力高度：愿景校准力，包含项目领导力原则1：明确战略，紧盯愿景；项目领导力原则2：迎接改变，竞争卓越。

第五章介绍项目领导力广度：信任统合力，包含项目领导力原则3：统合对立，建立信任；项目领导力原则4：柔和引导，如沐春风。

第六章介绍项目领导力深度：安心专注力，包含项目领导力原则5：挡掉干扰，安心专注；项目领导力原则6：放下私欲，乐于奉献。

第七章介绍项目领导力进度：喜悦交付力，包含项目领导力原则7：扫清困难，排除障碍；项目领导力原则8：营造喜悦，有效交付。

为了让读者更好地理解如何在项目中应用PL5D项目领导力模型，作者在全书中将用一个实际案例来进行说明。其中，第三章介绍该案例的背景与项目辅导的初步成果，第四章至第七章分别说明如何在高度、广度、深度、进度这4个维度运用PL5D项目领导力模型来提升领导力，使项目团队成功交付价值。

第八章将PL5D项目领导力模型与最新的PMP®考纲和华为H5M模型进行对比。我们期望本书能帮助读者在巨变时代成功交付项目的价值，为国内现有50多万名PMP®持证人员提供有价值的项目领导力实操方法，为国内项目管理学习者提供有益的参考，为广大粉丝和公司高管提供一本系统、完整的项目领导力教材。

第九章从项目领导力的5个维度入手，剖析如何将领导力模型结合卓越领导者的五种习惯行为和十大承诺，帮助有意提升领导力的人识别自己的状态，并助力他们将自己调整到最佳状态。

第十章介绍个人领导力能量状态测评问题，5D项目领导力测评可以从个人层面、团队层面及组织层面进行详细测评。通过测评，能直观地看到个人、团队和组织在项目领导力的高度、广度、深度和进度这4个维度具体可以打几分，有怎样的表现，哪些方面表现得不错，哪些方面还可以重点提高和改善。该章从项目领导者的个人视角出发，让读者以自测的方式来初步测评自己的项目领导力水平（也可应用于对该测评人的360度测评）。

CONTENTS
目录

第三章

项目领导力热度：熵减赋能力 045

第四章

项目领导力高度：愿景校准力 071

第九章
PL5D与领导力行为对照 　　　　　　　　　　　　　　171

第十章
5D项目领导力测评 　　　　　　　　　　　　　　185

参考文献 　　　　　　　　　　　　　　191

CONTENTS
图目录

CONTENTS
表目录

1

第一章

在巨变时代，项目管理的挑战

我们正处于巨变时代

哈佛商学院的约翰·科特教授指出[1]："我们正在穿越一条边界，进入一个充满难以预测的、混乱的和指数级变化的世界，但是我们尚未对此做好准备。"

当今世界正处于百年未有之大变局：云计算、大数据、物联网、人工智能等技术快速发展，世界经济中心从大西洋两岸逐渐向亚太地区转移[2]，逆全球化现象频频出现……这些加剧了世界的变化，国际不稳定指标呈指数级变化[3]（见图1-1），任何行业都处在被颠覆、被创新、被重组的状态。

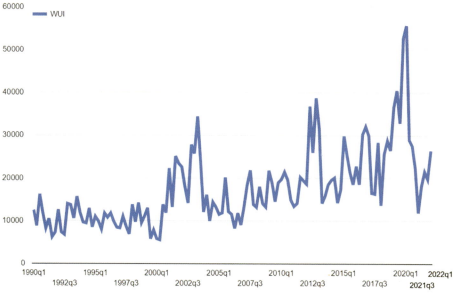

图1-1　国际不稳定指标

无论你有多少年的项目管理经验，无论你管理过多大规模的项目团队，无论你从事的项目是研发型的还是市场推广型的，无论你面对的是重复多次的项目内容，还是全新的项目领域，无论你是在公共部门还是私营部门的组织环境中参与项目，作为项目领导者或核心成员，你可能已经发现了：剧烈动荡、复杂变化的项目环境是新常态。客户需求在不断变化，竞争对手在不断变化，战略目标在不断变化，外部环境在不断变化，技术在不断革新，员工信心在不断变化，团队状态在不断变化，项目及项目管理也在不断变化。我们正处于一个易变（Volatility）、不确定（Uncertainty）、复杂（Complexity）和模糊（Ambiguity）的VUCA时代，或者一个脆弱的（Brittle）、焦虑的（Anxious）、非线性的（Nonlinear）和不太可理解的（Incomprehensible）BANI时代，我们将其统称为"巨变时代"。在巨变时代，市场变化迅速，竞争加剧，企业需要更灵活地应对市场变化，开展更多的项目，寻求新的商业机会。在巨变时代，项目管理将成为企业和组织的核心竞争力，凭借高度的敏捷性、灵活性和快速响应能力，来满足不断变化的客户需求和市场条件。

项目经济来临——高层领导者亟须提升项目领导力

PMI前董事会主席安东尼奥·涅托-罗德里格斯（Antonio Nieto-Rodriguez）指出[4]："根据预测，在2027年，全球项目导向的经济活动的价值将达到20万亿美元。但如今，全球的项目大约只有35％是成功的。失败的原因在于，领导者对项目管理的理解已经过时。"

PMI的研究强调[5]，项目经理被高层领导者视为战术故障的排除者，而不是战略伙伴，这表明高层领导者普遍对项目管理的价值和影响缺乏正确理解。

在巨变时代，项目已经取代运营，悄然但有力地成为经济引擎。企业必须掌握运营（善用组织目前的能力）和项目（探索新的能力）双引擎，并在两者之间取得平衡[6]。领导者必须认识到，在项目经济中，领导者必须明确且勇敢地选择战略性项目，并设定项目的优先级别。企业要永续，必须采用项目驱动的结构，建立协作与赋能的文化，打破内部的藩篱，并确保整个组织能够培养项目管理能力。领导者除了必须关注组织的运作，同时也要聚焦自身的变革，具备项目领导力，创新并组建高绩效团队，为客户及组织创造价值。

以年为周期的运营节奏盛行了一个世纪，如今已经与现实脱节。无论是公共部门还是私营部门，目前都在一个持续甚至颠覆性变化的环境中运营。过去，项目通常是暂时的，而运营是长久的，但现在的情况正好相反：运营只能让组织暂时存活，变革才是长远的生存之道。因此，预期、管理并推动变革，已成为首要方针。达成这些事项的最佳做法就是：更妥善地处理项目。

因此，项目管理被视为一种战略能力，可帮助企业和组织向其客户和干系人提供价值，同时确保有效利用资源和实现业务目标。企业和组织越来越多地围绕项目开展活动，而不是传统的职能部门。

然而，大多数的领导者虽然熟悉、擅长运营管理，具备运营管理领导力，却普遍缺乏项目管理领导力。对于维持组织运作的运营管理，其目标主要由绩效驱动，关键在于效率和生产率；其组织结构是层级式的；其文化类型是指挥型和控制型。引领组织创新变革的是涵盖落实战略的项目管理，关键在于创新、转型、敏捷和长期的价值创造；其组织结构是扁平的、以项目为基础的；其文化类型是创新型和协作型。因此，在巨变时代，项目管理面临的挑战和冲击使得项目领导力的重要性日益凸显。

PMI 的项目管理标准在巨变时代的变革意味着什么

PMI发布的《2021年大趋势》[7]指出：即便最卓越的组织也面临着艰巨的考验。PMI前总裁兼CEO苏尼尔·普拉色拉（Sunil Prashara）表示："我们生活在一个充满变化和不确定性的世界中。气候危机、人工智能等新技术的广泛使用，驱动各行业发生着变革，这要求领导者采用新的思维方式和工作方式……这些复杂的变革将继续推动对全才型、有魄力的项目人才的需求……形成一个由变革者构成的生态系统。"

在巨变时代，PMI为了助力项目成功，进行了彻底的自我颠覆。2021年7月正式出版的《PMBOK®指南》（第7版）的结构发生了翻天覆地的变化：将"组织"重新定义为"创造价值的系统"；并从原来的知识领域和过程组架构，演变成了融合敏捷思维，以12项项目管理原则指导8个项目绩效域的工作模式，从而使项目经理不过度聚焦于投入、工具与技术、产出，更关注项目的成果和价值。

从项目领导力的视角来分析，可以将《PMBOK®指南》（第7版）中的12项项目管理原则归纳为赋能、应变、成事三类，将8个项目绩效域归纳为怎样带人、怎样应变、怎样做事三类（见图1-2）。这样的分析和归纳便于读者理解并把握《PMBOK®指南》（第7版）的重点[8]，从而在项目工作中应用相关知识。

- 第一类原则：赋能。如何用领导力引领项目团队和干系人，为他们赋能，并实现熵减（减少项目中无价值的行为）。赋能类原则包括以下四条子原则：

  （1）成为一个状态良好的项目负责人（勤勉尊爱：管家）；

  （2）创造一个协同互助的项目团队环境（团队协同：团队）；

  （3）引领项目干系人适当参与（合纵连横：参与）；

  （4）展现出色的项目领导力（出色引领：领导）。

- 第二类原则：应变。具体包括培养韧性和适应性，优化风险应对，更好地驾驭复杂性，不忘初心，引领变革。应变类原则包括以下四条子原则：

  （1）面对变化，要有弹性和韧性（凤凰涅槃：坚韧）；

（2）面对复杂，要与繁共舞（驾驭复杂：驭繁）；

（3）面对风险，要优化风险应对（应对风险：风险）；

（4）面对变革，要紧盯愿景（革新如愿：变革）。

图1-2 项目管理的三类原则、三类绩效域

- 第三类原则：成事。成事是赋能和应变要达到的目的，也是体现项目管理价值的根本所在。具体包括在交付成果时必须聚焦价值，必

须有全局观和系统思维，必须在管理上因地制宜，确保项目过程及交付成果的质量。成事类原则包括以下四条子原则：

（1）价值是衡量项目成功的终极指标（聚焦价值：价值）；

（2）要有动态的组织级项目管理的全局观和系统思维（全系统观：系统）；

（3）要根据项目特性进行项目管理方法裁剪（量体裁衣：裁剪）；

（4）项目管理过程和交付成果的质量都要好（质贯始终：质量）。

- 第一类绩效域：怎样带人。包括2个绩效域：团队、干系人。
- 第二类绩效域：怎样应变。包括1个绩效域：不确定性。
- 第三类绩效域：怎样做事。包括5个绩效域：开发方法和生命周期、规划、项目工作、测量和交付。

小结一下，PMI的项目管理标准过去以过程和程序为主，2021年，转向以人为中心，聚焦如何为团队赋能，如何帮助干系人更好地应对变革、复杂性和风险，进而交付更好的项目成果。这充分说明了，要更好地应对项目环境的不确定性，必须充分激活人的能动性，而不是机械遵守僵化的过程。工作过程、工具、范本都应该依实际需要得到灵活裁剪，以助力项目成功。因此，在巨变时代，如何提升项目领导力变得非常关键。

华为的项目管理实践在巨变时代的变革意味着什么

华为在项目管理领域做了大量的实践研究。依据大量的成功项目，华为已经把项目管理看作自己的根能力、根技术，是保持华为业务竞争力的法宝之一。从华为项目管理体系建立的4个不同阶段可以看到，项目越复杂、难度越大，创造的价值越高，对领导力的需求就越大，越要求项目经理向项目CEO的角色转变[9]。

1. 华为项目管理1.0体系

从最初的工程实践、工程管理提升到项目管理，通过成立PMO，有意识地培养项目经理，总结项目中的良好做法和最佳实践，发布了项目管理流程，形成了专业的项目交付管理能力。那时的项目经理可能只承担项目协调人、项目接口人或项目牵头人的角色，其主要工作是汇总、分享和监控项目信息，及时发现问题并跟进，确保流程能被遵守和执行。在掌握专业技术的基础知识后，项目经理还需要了解、学习必要的项目管理知识体系、概念和术语。此时，华为开始动员项目管理核心员工参加国际项目管理认证培训和考试。

2. 华为项目管理2.0体系

在华为项目管理1.0体系的基础上，实现了从以功能为中心向以项目为中心的转变，建立了企业层面的项目管理文化和制度。这是"一把手工程"，是项目文化和价值观的自上而下的转变。目的在于充分调动、激发一线的活力，提高运营效率。华为动员各级管理者、员工（无论是不是项目经理）都参加项目管理培训和认证，统一项目管理的观念和理念。在国外项目管理知识体系和标准的基础上，华为结合自己的实践案例总结出了自己的项目管理方法论和模板工具包。

3. 华为项目管理3.0体系

通过不断在实战中总结、提炼和数字化赋能，华为从无到有构建了基于集成化服务交付平台（Integrated Service Delivery Platform，ISDP）的数字化项目管理体系，形成了业务可视、可管、可控的高效项目管理体系，并促进项目经理向项目CEO转变。华为之所以提出项目CEO的说法，是因为在项目实践中发现，项目经理不仅是协调员或执行指挥员，而且还要有责任心和使命感，能够承担对外代表企业、对内代表客户的价值创造责任。只有像老板一样思考，项目经理才能把握项目的整体风险，并围绕项目的整体目标，让项目为客户和企业带来价值。

华为强调在集体主义下的个人英雄主义，鼓励项目CEO领导团队赢得一个又一个胜利。作为最先感知炮火、最会指挥部队的人，项目CEO要引导整个项目团队，营造积极向上、艰苦奋斗、以客户为中心的团队氛围。可以说，项目CEO激发了项目经理这个群体的活力，夯实了以项目为中心的运作基础，促使项目经理从CEO的角度主动思考如何为客户创造更多的价值，如何为企业创造更多的价值，这也持续提升了项目管理的价值。

4. 华为项目管理4.0体系

从2020年起，华为开始推动项目经理成为商业精英，着力驱动项目管理产业化发展，把项目管理作为能力外溢进行变现，这就是华为项目管理4.0体系。项目经理最终成为商业精英，能够创建业务，而且迅速取得市场竞争优势，从而创造价值并实现人才价值变现。未来，华为将会输出项目管理领导人才、项目管理外包服务、项目管理方法论。

从华为项目管理1.0到4.0的发展过程中，我们不难看到，如果项目是确定的、做过的、熟练掌握的，那么项目工作几乎只是物理的组合，即可以用工作分解结构（Work Breakdown Structure，WBS）等传统的项目管理方法和工具做物理分解，从而进行专业分工和管理。但是在巨变时代，对于复杂的、模糊的项目，或者处于迭代的项目，物理分解方式很难奏效，传统的流程程序无法做到卓越和极致。这时，就更需要敏捷，更需要项目领导者为团队赋能。

用制度替代人性还是用人性替代制度

在巨变时代，无论是PMI的项目管理标准的变革，还是华为项目管理实践和管理体系的发展，都能从中看到一个有趣的变化：过去一直强调在管理中用制度替代人性，现在，在项目复杂性不断增加的情况下，呈现出人性替代制度的趋势。了解这两者的区别和联系，对于更好地阐述项目领导力的应用范围和实用价值有重要意义。

《PMBOK®指南》（第7版）中用Cynefin模型（见图1-3）描述了项目的复杂性。在动荡且复杂的项目管理环境中，根据Cynefin模型，可以把项目分为以下几类，不同类型的项目需要不同的管理决策和领导力方法。

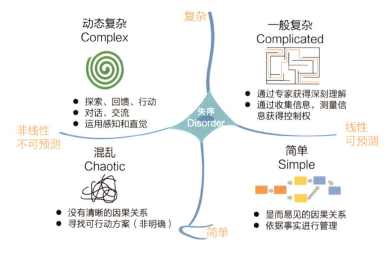

图1-3 Cynefin模型

（1）因果关系清晰的简单项目。直接运用最佳实践（Best Practices）来进行领导决策，严格按照流程程序和核对清单进行管理。对项目领导力的要求最低，比较适合用制度替代人性，最好应用人工智能。华为项目管理1.0体系的流程建设、2.0体系的项目管理方法论和模板工具包及3.0体系的数字化项目管理体系都很好地说明了这类情况。

（2）存在已知风险的复杂项目。可以让有经验的专家来评估、分析对应的情境，运用良好实践（Good Practices）进行管理。对项目领导力的要求有所提高，项目经理具有越多类似项目的经验越好。华为项目管理1.0体系的PMO成立、2.0体系的项目文化价值观建设，以及各级管理者和员工

（无论是不是项目经理）都要参加项目管理培训和认证都很好地说明了这类情况。

（3）存在未知风险的动态复杂项目。因为没有明显的因果关系和正确答案，无法事先预测，对项目领导力的要求很高，要求项目经理有耐心、有自信，不断探索环境，感受当下情境，能制定指导团队行动的价值观和准则，然后通过快速行动、迭代来敏捷地决策和应对。华为项目管理3.0体系的项目经理转变为项目CEO就很好地说明了这类情况。

（4）处于混乱环境的项目。因为因果关系很不清晰，干扰信息很多，项目经理无法准确了解情况，对项目领导力的要求最高，要求项目经理处乱不惊，先采取措施稳定局面，再把混乱环境转换成可以处理的环境进行管理。华为项目管理3.0体系的项目经理转变为项目CEO和华为项目管理4.0体系的推动项目经理成为商业精英都很好地说明了这类情况。

（5）处于混沌状态、完全失序的项目。项目经理必须先分析和分辨项目的不同部分具体属于以上的哪一类情况，再根据上述四种项目类型进行相应的管理。

由此可见，交付成果的需求和技术越明确的项目，越应该用制度替代人性；交付成果的需求和技术越不明确的项目，越应该用人性替代技术。越是用制度替代人性的情境，越需要人工智能和信息技术；越是用人性替代制度的情境，越需要面对面沟通和领导力；越追求交付成果的卓越，越应该把对人性和制度的取长补短和整合运用发挥到极致。分辨、转换和融合项目中的这两类情境，是优秀项目领导者的重要能力。

巨变时代，项目中人人都必须具备领导力

在巨变时代，PMI项目管理标准的变革及华为项目管理的实践经验都

揭示了项目管理领域发生的重要变化趋势。这些趋势包括：项目领导力的作用日益凸显；项目越复杂，需求越易变，难度越大，创造的价值越高，对领导力的需求就越大。正如变革大师约翰·科特（John Kotter）在其著作《变革》[6]中所说："当谈到变革时，真的完全与领导力有关"。

在《超限战》[10]一书中，乔良将军提出了一个观点：军队的作战单位虽然从过去的"师"逐渐演变为"旅"，但作战能力有了显著增强。在未来，作战单位可能进一步缩小，由"旅"直接管理"营"，去除"团"一级，甚至将作战单位的规模缩小到"排"和"班"的层级。这样的变革使作战单位更加灵活，决策者的数量得以减少，从而提高了综合作战能力。过去，大规模作战的方式笨重且复杂，而缩小作战单位的规模能够使军队更加灵活地应对多变的战场环境，从而提升整体作战效能。

让组织更"轻"、更灵活，让一线项目团队的应变能力、作战能力更强，是适应未来社会发展的，也是未来组织改革的奋斗目标。

一个作战单位应如何在变幻莫测的环境中完成任务?在《知识的边界》（*Too Big to Know*）[11]一书中，哈佛大学资深研究员戴维·温伯格（David Weinberger）专门就此采访了西点军校研究组织和领导方式机构的负责人安东尼·伯吉斯（Anthony Burgess）。伯吉斯专门研究现代战争中的军队指挥和领导，他最关心的就是一个作战单位如何在不可预测的环境中完成任务。伯吉斯认为，所谓的领导力并非来自作战单位中的任何个人，而是作战单位的整体属性。领导力在于作战单位对任务的忠诚，在任何情况下坚持完成任务；领导力在于如果客观条件改变，作战单位能找到新的方法完成任务；领导力在于如果作战单位中有人失去战斗力，其他人能继续完成任务；领导力在于在完成任务之后能根据愿景和战略主动转向新的作战目标。

在电影《集结号》中，一支解放军小分队接受了一个近乎不可能完成的阻击任务，付出了几乎全员牺牲的代价，最终在连长谷子地的坚持下才完成了任务。按现代对领导力的理解和要求，故事本应是：即便连长在战斗初期牺牲，剩下的士兵也能继续完成任务，而且他们每个人都相信这个任务是可以完成的。

这样的领导力不是来自某位出色的领导者，而是分布在整个作战单位之中。因此，在项目中，人人都必须具备领导力。

项目管理理论和标准起源于军队。以前，常把为项目工作的人分为蓝领和白领，在管理层规划好后由一线员工严格执行，在项目完成后再根据管理层的反馈进行修改。但是，现在的变化太快，太复杂了，已经不能简单地让一线员工等候管理层。请注意，原来的变更管理流程需要通过变更管理委员会（Change Control Board，CCB）来核准各项事宜，但这已经无法应对变化。

现在的情况是，一线员工在面对变化时必须快速反应，否则项目成功的机会就渺茫了。所以，一线员工必须灵活应变，管理层则必须具备建立信任的能力，授权给一线员工，让一线员工在可控范围内尽快处理可处理的事项，尽快应对可因应的情况。

遗憾的是，当前许多项目领导者的状态严重影响了既有流程和系统的效率和效果。一线员工非常清楚现状，但领导者不仅搞不清状况，还发号施令。在旧有的"命令—控制"模式下，一线员工明明知道这样执行命令会导致项目失败，也不得不听令，这种情况令人非常悲观和绝望。

项目领导者的状态和项目团队的凝聚力，会使项目面对变化时的结果截然不同。要么悲观失望、"放弃"，误解加深，冲突加剧，无法达成共识，无法理性思考问题；要么共同追求愿景，勇敢无畏，自信坚韧，充满信任和乐观，让普通人也能释放出惊人的潜力，完成出色的项目成果。

因此，在巨变时代的项目管理中，人的因素变得越来越重要，项目领导者与团队的领导力也随之变得越来越重要。项目要成功创造价值，特别需要项目干系人奉献热情和灵感，除科学化管理之外，还需要人性化管理。项目领导者要领导团队成功应变，必须在项目管理中，使项目团队的各个层级都能得到强化并发挥领导力；成功的领导者不是要创造更多的追随者，而是要创造更多的领导者。当项目团队的各个层级都具备领导力，都在探索、思考、创造和交付价值时，这股力量将帮助项目团队突破项目管理过程中的所有障碍，克服重重困难，最终满足项目干系人的要求并达成项目目标，甚至完成令客户惊叹的成果，为客户和组织创造价值。

然而，若项目团队习惯待在舒适区，则会抗拒改变。抗拒改变就是抗拒成长。领导力实质上是一种影响力，能影响人们，使人们心甘情愿、充满热情地为实现团队目标而努力奋斗。具体而言，领导者的工作就是要让不同个性的个人在团队中和谐相处，以发挥团队合作的力量，从而实现团队目标。

在应对变化时，为了实现项目成功，领导者必须激发一线员工的热情、活力，激发促进成功的情绪，包括：信念、信任、乐观、紧迫感、基于现实的自豪感、激情、兴奋、希望和热情。

科学已经证实，物质世界的一切都是由微观粒子组成，微观粒子处于振动状态；而不同的情绪则对应不同的振动频率和能量状态。根据霍金斯博士的研究，爱和内驱力会提高振动频率，恐惧和外在压力会降低振动频率[12]。如何管理好项目团队成员的情绪，提升其领导力，对项目成功至关重要。

卓越项目领导者的画像：情感和灵感（体验和创造）

面对变化和变革，项目领导者先要能保持良好的状态，领导团队取得卓越的项目成果。然后，及时把已识别的未知风险转换成已知的风险，建立制度，优化流程，提高应对的效率和效果。

面对信息技术的革命，我们更加需要坚守人类最独特的领域：情感和灵感。如果与机器比记忆、总结、经验积累、逻辑运算，人类很快就会败下阵来。人类的信仰、勇气、感受、理解、爱和美等与右脑有关的部分，是机器可以尝试伪装但无法超越的。

人类负责体验和创造，负责应对变化；机器负责运算和执行，负责更高效地处理已知的事情。人类需要把理性和逻辑的工作交给机器，充分发挥自己的直觉、勇气和情操。

除了能熟练运用信息技术产品，管理者还要培养符合高感性和高体会，能够让能量流动起来的能力。未来管理者的职能不是管控，而是赋能。人与人沟通的本质不再是传递信息，而是促进能量的流动。

拼多多的黄峥在公开演讲中正式解释了拼多多的"分布式人工智能"："人工智能正从超级上帝式逐渐走向平等分布式——不以给出唯一的、真理性的答案为追求，而是让人更多地发现新事物，体现群体的包括情感、情绪在内的多种特征。"

在巨变时代，好的项目领导者能够从两方面让团队、客户和其他干系人称赞不已：体验和创造。

全然的体验！纯然的创造！

正如华为在项目管理实践中发现的：项目要成功，归根到底还要靠人搞定事情的能力。这种能力是真正能够变现的能力，是真正能够为客户和企业创造价值的能力，而不是制作精美的PPT和撰写华丽的文档的能力。

要锻炼自己搞定事情的能力，项目经理先要在"知"上下功夫。除了项目管理专业技能、领导力、战略和商务管理技能，项目经理还要对新技术保持好奇心，即具备技术与商业的融合能力（也可称为技商）。在数字时代，项目经理要有数字思维和敏捷能力，还要有非常强的学习能力和实现以客户为中心的能力。有了这些能力，项目经理就可以有效地将项目实践数字化，使其变成过程资产，提高简单项目和一般复杂项目的处理能力及效率。

项目经理更要在"行"上下功夫。项目经理如果知道但没有做到，就相当于不知道。应该有一个从知到行、再从行到知的正向循环和持续提升过程。更重要的是，项目经理做项目一定要有追求。尽管项目合同是这么写的，预算是这么做的，但是项目经理只有做得比预期更好才叫成功。项目成功其实意味着创造了超出预期的价值。项目经理不断发现新价值，找到实现新价值的方法，并付诸行动，最后实现新价值，这样才能更好地从一个战场走向另一个战场，从一个胜利走向另一个更大的胜利。

传统上，人们认为项目管理就是把需要执行的事情搞定，项目经理相当于俗称的"包工头"。但从实践的角度来看，华为发现项目管理不只是签订合同、搞定售后，而是如何端对端地满足客户需求，有时，甚至要主动发现客户的商业诉求，实现双赢。项目管理其实从后端走向了前端，覆盖项目的生命周期。同时，项目在交付过程中还有很多变更机会，也有很多与客户一起发掘新的商业机会的情景。华为称这类工作人员为场景师。项目管理不仅处在"术"的执行层面，而且还提升到了商业层面。这就不难理解华为为什么要大力促成项目经理向项目CEO的转变了。

华为之所以把项目管理定位为"根能力"，是因为无论对于销售项目，还是开发项目、交付项目、变革项目，都要有"兜底"的意识、追求极致的精神，本质上都是为了更好地满足客户的需求。追求以客户为中心的商业成功，是华为对项目管理价值的理解。

如果把项目管理定义为根能力，那么为了把项目管理做好，做到极致，创造更多的价值，就要充分激发项目领导者和项目团队成员的潜能。既然项目成功归根到底是靠人的能力，那么可以把领导力看成项目管理这种根能力中的根元素。

我们可以这样描述拥有卓越领导力的项目领导者：能运用信息技术产品高效地完成已知或重复性的工作和任务，能够快速与项目干系人建立信任，有信仰和抱负，有格局和勇气，有创造力，有爱心，能够为枯燥的事物赋予意义和使命，能够领导团队成员面对各种变化、挑战、挫折和困难，最终取得卓越成果。

2

第二章

PL5D项目领导力模型

在巨变时代的项目管理中，人的因素变得越来越重要，项目领导者的领导力也越来越关键。项目要成功，归根到底还是靠人的能力，靠搞定事情的能力。这种能力是真正能够变现的能力，是真正能够为客户和企业创造价值的能力。这种能力的背后，是项目领导力的内在驱动力，表现为有自信和勇气，对工作充满热情，对困难挫折无所畏惧，对成功不骄不躁，能包容他人。这些就是我们所称的热度（能量状态），它体现了活力、生命力、人的情感（爱）、灵性（创造力）等人的独特天赋。

PL5D 项目领导力模型构思

在意识能量导师戴维·霍金斯博士（David R. Hawkins，Ph. D）的著作《意念力：激发你的潜在能量》中描述了人的情绪、认知和精神状态对个体能量影响的理论。在该书中，历时20年、超过百万人次参与的科学实验证明，人体中粒子的振动频率可以被量化。霍金斯博士提出，每个人的情绪、想法和行为都有一个特定的能量振动频率，不同的振动频率会影响人的情绪，人的情绪反映人的振动频率，这些频率可以影响我们的生活体验。

在以10为底数从1到1000的对数值（代表振动频率）中，200以下代表负能量：短视、以自我为中心和有破坏性的，常常伴随着负面的情绪，如恐惧、愤怒和欲望，对身心有害；200以上代表正能量：眼光长远、智慧、全面和有建设性的，常常与爱、善良、和谐和理解等积极情绪相关联，对身心有益。霍金斯博士强调，个人的意识状态不仅影响他们自己，也会影响周围的人和环境。在较高等级的意识状态下，个人的正面影响力可以抵消大量的负面影响。人们可以识别出自己的意识状态，并通过积极的精神实践，如冥想、爱、谅解和感激，来提升自己的意识等级，从而促进个人和社会的进步。

因为巨变时代的本质就是变化，一切都在变化，如果我们抗拒变化，就会自掘坟墓，无法适应内外环境和客户需求的变化，也无法为客户和组织创造价值。项目团队成员的能量状态对项目的成功起着关键作用。低频状态会导致冷漠、无助、悲伤、恐惧、压抑、愤怒和怨恨等消极情绪，团队成员相互指责和推诿，最终导致项目失败。相反，高频状态会带来勇气、坚韧、信任、可靠、主动、乐观、宽容、感恩、聪慧和明智等积极情绪，团队能够以热情和积极的态度面对项目，不会被变化所困扰，保持沉着和镇定，确保项目的成功。在变化中保持镇定和乐观，是项目团队取得成功的关键。

在研究西方项目管理的标准和东方优秀标杆企业的实践中，我们意识到，在项目管理的流程基础上，充分激发项目团队成员的潜能，提升他们的能量状态，并在动荡变化的环境中为项目创造价值的能力变得日益重要。本书的核心理念就是揭示其中的关键因素。我们依据西方项目管理科学和几十年的项目实践经验，运用量子力学和《易经》的原理，阐述了如何在巨变时代发展出既科学又符合人性的全面领导力。我们提出了一种独创的、可衡量的模型，用于评估和提升项目领导者、团队和组织的领导力。通过本书提供的评估工具，你将能更深入地理解项目领导者和团队成员的情绪状态，并能有效提升项目领导者、团队和组织的领导力水平，确保在管理项目过程中达到成功所需的良好能量状态，从而在不断变化的项目环境中交付有价值的成果。

量子力学告诉我们，世界是由微观粒子构成的，这些粒子既具有波动性，也具有粒子性，每种状态都有其独特的振动频率。这些不同的频率或能量状态会显著影响同一观察对象的表现。因此，如果领导力的能量状态无法达到一定水平，相应的领导行为也无法得到充分展现。因此，对于项目领导者来说，锻炼和培养以达到理想的领导力能量状态，以及在状态不理想时能够识别并调整自身状态至最佳，都变得至关重要。提升能量状态不仅可以帮助团队成员完成令客户满意的、有价值的项目，同时对个人和团队成员的身心健康也有实质性的益处。

易经是中华文明的智慧之源。《易传·系辞上传》说："易有太极，是生两仪，两仪生四象，四象生八卦。" 这与二进制的思想非常相似。二进制的发明者戈特弗里德·威廉·莱布尼茨（Gottfried Wilhelm Leibniz）就曾经对伏羲八卦图表示过赞赏，并认为二进制的思维方式在中国古代就已存在。易经通过其严密和完整的体系，描绘出了宇宙万物变化的规律。

而从物理角度来看，宇宙被定义为包含所有的空间和时间（时空），以及它们所包含的各种形式的能量。《淮南子》中也定义了"宇宙"，"宇"代表的是三维的空间，而"宙"代表的是时间，宇宙可以被看作由时间和空间组成的四维结构。因此，我们也可以从这四个维度分析、梳理项目领导力：

- 项目领导力高度代表项目遵循的战略愿景和目标；
- 项目领导力广度代表项目涉及的所有干系人；
- 项目领导力深度代表项目干系人对项目的态度和专注度；
- 项目领导力进度代表项目交付价值的过程。

总结来说，我们可将项目领导力定义为：保持并调整自身和团队的能量状态以应对客户需求和变化，同时动态地整合有限的资源以实现项目独特价值的科学与艺术。在巨变时代，项目领导者的能量状态会直接影响团队的能量状态，因此维持在适宜的能量状态是实现项目成功的关键。巨变时代的项目领导力核心在于，项目领导者、项目团队成员及整个组织能够保持在达到项目成功所需的能量状态区间。以下我们把能量状态也称之为热度状态。

为此，我们汲取量子力学和《易经》的智慧，提出了一种独创的项目领导力模型——PL5D项目领导力模型，来衡量、评估和提升领导者、团队和组织的领导力水平。这个模型包含五个维度和相应的五种核心能力（见图2-1）：

- 项目领导力热度——熵减赋能力
- 项目领导力高度——愿景校准力
- 项目领导力广度——信任统合力
- 项目领导力深度——安心专注力
- 项目领导力进度——喜悦交付力

图2-1　PL5D项目领导力模型的五个维度及对应的五种核心能力

回顾项目管理的发展历史，敏捷是项目管理走向现代化的革命性进展，它适应了变化的需要，成为巨变时代项目管理的主流。我们认为，巨变时代的项目领导力就是敏捷领导力，就是仆人式领导的体现。

所谓领导力，就是既要"领"又要"导"。在PL5D项目领导力模型中，高度代表"领"，广度、深度代表"导"，进度代表"领"和"导"的结果。辅导项目的外部教练在高度上，以"导"来让领导层达成"领"的共识。我们在项目咨询实践中发现，成功项目的领导者在项目管理过程中花在"领"和"导"的精力的比例分别是："领"占30%，"导"占70%。虽然"导"占了70%，但"领"的30%才是关键。如果项目的方向不对，无法实现项目需求，"导"得再好也没有价值。而"领"的驱动力来自领导者自身的热度。

因此，PL5D项目领导力模型的核心是热度，对外的展现形式是高度、广度、深度和进度。领导者以热度为内在驱动力，做到熵减和赋能，使自己和团队都保持良好的状态。

项目领导力的五种能力可以看成五项修炼（见表2-1）。

表 2-1 项目领导力的五项修炼

修炼	维度	重点（中文）	重点（英文）
1	热度	熵减赋能力	Be Stronger!
	做什么：如何赋能？如何点燃热情？如何激活能量？		
2	高度	愿景校准力	Think Big!
	做什么：如何让团队对愿景有憧憬并持续校准愿景？		
3	广度	信任统合力	Build Trust!
	做什么：如何柔和引导，让团队融洽团结、求同存异？		
4	深度	安心专注力	Be Focus!
	做什么：如何挡掉干扰，让团队能够专精、纯粹？		
5	进度	喜悦交付力	Deliver Value!
	做什么：如何让团队和项目干系人不断感到愉悦，有成就感？		

《易经》是中国古代的经典哲学著作，被誉为"群经之首"，源远流长，深深影响了中国的哲学、科学、艺术等多个领域。易经的主旨在于阐述宇宙和生活中的变化规律，以及如何适应和利用这些变化。《易经》中由8个基本卦（乾、坤、坎、离、震、巽、艮、兑）衍生出64卦，代表了不同场景发生的变化模式。易经的八卦理念可以帮助我们理解和处理复杂的项目环境，概述如下：

- 乾卦（天，创造和主动）：对于项目领导者来说，乾卦象征着创新思维和主动性，鼓励他们在面对变化时能够积极主动地寻求创新解决方案，不断自我进取。

- 坤卦（地，接纳和顺从）：坤卦代表顺从和接纳，意味着项目领导者需要具备广阔的胸怀和包容心态，积极接纳新的想法，与各方建立信任和谐的合作关系，以顺应变化并实现项目目标。

- 震卦（雷，震动和变革）：象征着主动应对和利用变化的能力，项目领导者需要能够引导团队积极向前，勇于面对变革，同时保持对潜在问题和风险的警觉性。

- 巽卦（风，柔顺和温和）：在敏捷管理中，项目领导者需要采用仆人式的领导力风格，具备良好的人际关系和沟通技巧。巽卦提醒他们以温和、理解和柔顺的态度对待团队成员，以促进良好的合作氛围。

- 坎卦（水，障碍和困难）：意味着项目领导者在面对困难和挑战时，应积极寻求解决方案，扫清前进道路上的障碍，直至项目成功。坎卦代表了项目领导者在面对项目中的未知和风险时，需要具备预见性和决策能力。

- 离卦（火，温暖和明亮）：对于项目领导者来说，离卦象征着温暖和热情，要以轻松的心态面对各种压力，激发自己和团队成员的理想和热情，放下私欲，全情投入工作并获得欣喜。

- 艮卦（山，静止和安定）：艮卦象征着对外来干扰的抵制和保持内心的安定与专注。项目领导者需要在必要时停下来反思和回顾，然后以更好的方式前进。

- 兑卦（泽，喜悦和交付）：兑卦意味着兑现和交付，与"悦"有关，代表着喜悦。在敏捷管理中，项目领导者需要建立小步快跑的快速及时交付机制，同时营造快乐喜悦的团队氛围。项目领导者应注重团队成员的满足感和快乐，从而提高团队的士气和效率。

易经的八卦理念为项目领导者提供了更好地理解和应对项目管理中各种变化和挑战的视角和方法。它强调创新、主动性、接纳、顺从、变革、柔顺、面对困难以及喜悦和交付的重要性。通过应用八卦的原理，项目领导者能够更好地发挥领导效能，提升团队绩效，并成功应对变化带来的挑战。

PL5D项目领导力模型融入了《易经》的八卦，目的是更完整地呈现项目领导力的不同面向及对应遵循的重要原则。在PL5D项目领导力模型的5个维度中：

- 高度：对应乾卦和震卦，分别代表"明确战略，紧盯愿景"和"迎接改变，竞争卓越"的原则。

- 广度：对应坤卦和巽卦，分别代表"统合对立，建立信任"和"柔和引导，如沐春风"的原则。

- 深度：对应艮卦和离卦，分别代表"挡掉干扰，安心专注"和"放下私欲，乐于奉献"的原则。

- 进度：对应坎卦和兑卦，分别代表"扫清困难，排除障碍"和"营造喜悦，有效交付"的原则。

PL5D项目领导力八卦模型如图2-2所示。

PL5D项目领导力八卦模型凸显了巨变时代取得项目成功的根本要素，即在热度的内在驱动下，对外具体显化出：

- 高度：领导者不忘初心，心中有业务，紧盯愿景，领导团队建立愿景和使命，明确方向，使团队在应对变化、变革时保持兴奋和憧憬，做到"明确战略，紧盯愿景；迎接改变，竞争卓越"。

- 广度：打造高绩效团队，领导者与团队及其他干系人建立信任，顺势而为，做到"统合对立，建立信任；柔和引导，如沐春风"，团结团队成员一起奋斗。

- 深度：让团队处在正确的轨道上，领导者与团队在项目中不为各种诱惑或杂事所分心，有很高的自我控制能力，驱动力主要来自内心而不是外部欲望，做到"挡掉干扰，安心专注；放下私欲，乐于奉献"。

- 进度：挑选和裁剪项目生命周期，启动项目，执行项目工作。项目领导者在项目进度上"扫清困难，排除障碍"，小步快跑，用心营造愉悦的氛围，及时、有效交付对客户最有价值的成果和服务，做到"扫清困难，排除障碍；营造喜悦，有效交付"。

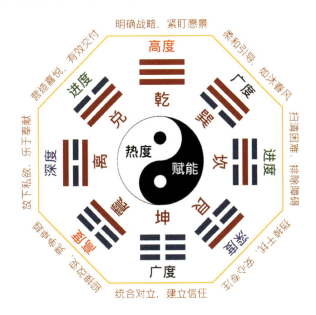

图2-2　PL5D项目领导力八卦模型

高度、广度、深度是项目领导力中三个空间维度的要素，进度是时间维度的要素。高度、广度、深度和进度存在于项目领导力的四维时空，即存在于项目全生命周期及项目管理的全过程、全方位。项目领导力的高度、广度、深度、进度的综合作用，最终反映并体现在项目交付价值的进度上。也就是说，如果高度（如紧盯愿景）、广度（如建立信任）、深度（如挡掉干扰）和进度（如排除障碍）做得不好，就会导致项目交付价值的进度出现问题。

PL5D 项目领导力模型要素

综上所述，PL5D项目领导力模型以如何在项目中有效赋能自己和团队并激发活力的热度为原点，用宇宙时空的高度、广度、深度和进度作为项目领导力四个方向的外在表现形式，（在四个方向分别）融合了易经的8个基本卦以表示对应遵循的8项原则，如图2-3所示。

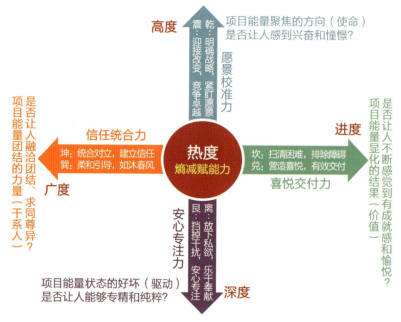

图2-3　PL5D项目领导力模型的5个维度和8项原则

下文将分别描述PL5D项目领导力模型中的5个维度、8项原则和40种项目领导力状态。

项目领导力热度——熵减赋能力

在项目管理领域，项目领导力热度被视为内在驱动力的一个重要表现形式。热度（或能量状态）是对个体精神状态和情感体验的一种量化度量。这种度量不仅反映了人的活力和驱动力，而且还反映了人们对情绪的管理和控制能力。

在巨变时代，一个人的适应和变通能力直接与其热度状态挂钩。热度状态越高，表示个人拥有更强的活力、更良好的精神状态和更正面的情绪体验。这也意味着，在面临挑战和变化时具有更强的应变和适应能力。如果项目领导者能有效地管理和掌握自己的热度状态，那么他们就能更好地影响和驱动项目团队，从而成功引导项目的发展。

评估项目领导力热度的一个有效方式是，观察和评价项目干系人的行为表现。基于霍金斯博士的能量图，我们提出了一个更具体的度量工具——"项目领导力热度状态阶梯图"。在这个模型中，我们将项目领导力热度状态细分为16个不同的层级，并进一步将这些层级分成6个级别：F级——黑洞力量（层级1~2），D级——没有力量（层级3~5），C级——负面力量（层级6~8），B级——天赋力量（层级9~10），A级——成就力量（层级11~13）和A+级完美力量（层级14~16）。项目领导力热度状态阶梯简图如图2-4所示，关于各热度状态层级的详细解释，我们将在第三章进行详细的阐述。

PL5D项目领导力模型的精髓在于热度，这是项目领导者的内在驱动力的表现。这种热度在项目中体现为四个核心维度：高度、广度、深度和进度。这四个维度共包含八个原则，每个原则又涉及从D级到A+级5个不同的领导力状态，级别全面描绘了项目领导者在各维度中表现的热度状态。因此，PL5D项目领导力模型包含了40种可能的领导力状态，它们共同构建了一个详尽的项目领导力状态图谱，如图2-5所示，分别说明如下。

层级	阶段	状态名称	级别	级别名称
16	充满爱	幸福与宁静	A⁺级	完美力量
15	充满爱	喜悦与安详		
14	充满爱	仁爱与慈祥		
13	成就爱	聪慧与明智	A级	成就力量
12	成就爱	宽容与感恩		
11	成就爱	主动与乐观		
10	成为爱	信任与可靠	B级	天赋力量
9	爱自己	勇气与坚韧		
8	需要爱	骄傲与蔑视	C级	负面力量
7	需要爱	愤怒与怨恨		
6	需要爱	上瘾与贪婪		
5	很缺爱	恐惧与压抑	D级	没有力量
4	很缺爱	悲伤与消沉		
3	很缺爱	冷漠与无助		
2	SOS	内疚与自责	F级	黑洞力量
1	SOS	羞愧与放弃		

图2-4 项目领导力热度状态阶梯简图

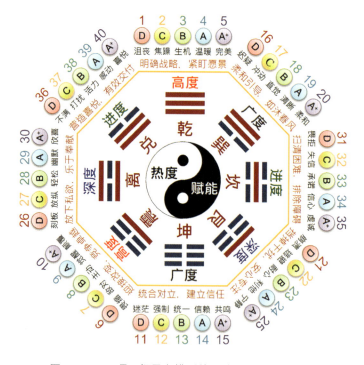

图2-5 PL5D项目领导力模型的40种项目领导力状态

项目领导力高度——愿景校准力

项目领导力高度指的是项目领导者在给项目成员建立愿景和使命，指明方向，应对变化和变革时展现的能力。项目领导力高度代表了项目能量聚焦的方向（使命）：是否以及如何能够让项目成员对项目使命感到兴奋、憧憬，并能及时根据变化调整项目工作。

乾卦——原则1：明确战略，紧盯愿景

在易经中，乾卦是64个卦中的第一卦，象征天，代表创始、主动、坚定和无限可能。项目领导者需要具备主导制定和执行战略的能力，在紧盯项目愿景时需要展现刚健有力、自强不息（坚韧不拔）的决心。

原则1意味着，项目领导者能够正确理解公司的愿景、使命和战略，并带领项目团队校准公司愿景以设定项目愿景和目标，将自己的热情、自信等良好状态通过沟通转化为项目成员都向往的愿景和使命。项目领导者在项目工作中能够带领项目成员紧盯愿景，聚焦战略，并且根据战略变化及时调整项目工作，为客户和项目干系人创造价值。

乾卦的六个爻都在描述龙，不是象征龙至高至尊，而是象征龙灵活多变的运动状态。领导者需要灵活应对各种突发情况，迅速做出决策，并带领团队适应变化，这就需要领导者有像龙一样的智慧和灵活。

原则1对应了5种领导力状态（状态1~5）：

1. 沮丧状态：在此状态下，项目领导者仅依照习惯行事，对战略的主动掌握度低，容易因缺乏明确目标而陷入沮丧、麻木的情绪中，他们感到无力，让外部环境左右自身。

2. 焦躁状态：此时的项目领导者缺少利用战略和愿景激励团队的能力，时常感到方向迷失，内心焦躁，想要逃离现状，这种情绪也会导致项目团队感到不安。

3. 生机勃勃状态：项目领导者坚定不移，以其独特性活出生命力，通过项目展现出创造力和创新能力，展现出强烈的生命力，坚定实现战略目标，不断提升项目的质量。

4. 温暖状态：项目领导者紧盯战略愿景，保持策略的定力，灵活运用敏捷方法在项目中，激励团队，增强团队凝聚力，最终完成让客户惊喜的成果。

5. 完美状态：在这个状态下，项目领导者始终保持高频，充分利用并引导项目团队中的高能量，使团队的目标与组织愿景完美融合，成为值得称道的典范和榜样。

震卦——原则2：迎接改变，竞争卓越

在易经中，震卦代表雷，意味着惊骇和变动，它象征了巨大的冲击力量和突发的变革变化。震卦象征着事物的快速运动和突然变化，这种变化有时可能是具有冲击性的，而人们需要学会适应这种变化。

原则2意味着，在面对无法预见的风险和突如其来的变化时，项目领导者能以良好的状态和足够的信心欣然迎接。无论在项目的哪个阶段，都能够带领项目成员战胜心惊胆战、畏缩焦虑的低频状态，化危机为转机，不仅能在危局、变局中闯出一条生路，还能锻炼并提高项目领导力、项目成员的能力和素质。最后，在激烈的竞争中取得意想不到的竞争优势和令人赞叹的卓越成果。

原则2对应了5种领导力状态（状态6~10）：

6. 畏缩状态：在面临不可预见的风险和突然的变化时，项目领导者可能会感到深深的不安全感，害怕竞争，并在竞争中变得被动，表现出越来越多的懦弱和畏缩。他们如果不能适应这些变化，可能会导致项目失败。

7. 敌对状态：由于面临不可预见的风险和突然的变化，项目领导者可能陷入焦虑，容易产生愤怒，导致项目团队充满敌对的情绪，这也可能导

致项目走向失败。

8. 主动状态：项目领导者转变态度，开始更多关注自我竞争而非与他人竞争；他们不屈于压力和冲击，有信心面对竞争、变化和不确定性，将焦虑转移到更有创造性的事物上。他们利用竞争精神推动创新服务，通过对比他人来反观自身的优点和问题，进而提升项目成果的质量。

9. 觉醒状态：在此状态下，项目领导者主动接受并拥抱竞争，乐于迎接变化和挑战。他们通过不断实践和反思来积累经验，适应变化，使一切变得更简单、清晰。他们充分利用敏捷方法，打造出高效的项目团队，最终完成出乎客户意料的成果。

10. 颠覆状态：在面临巨大变革时，项目领导者表现得泰然自若，他们超越竞争，相互推动，相互激励，做出与众不同的事情。这是在项目领导力发展过程中具有颠覆性的阶段，他们在竞争环境中展示了完美的革新和反超的典范。

项目领导力广度——信任统合力

项目领导力广度指的是项目领导者面对广大的项目干系人，统合对立，建立信任，柔和引导，在凝聚人心时展现的能力。项目领导力广度从本质上代表了项目能量可团结的力量（项目干系人）：是否以及如何能够让项目干系人融洽团结、求同存异。

坤卦——原则3：统合对立，建立信任

在易经中，坤卦代表地，与乾卦相对。坤象征着天地万物之气从天而来，万物之形由地而生。地是坤卦的本体，承载着乾卦的刚健。象征顺从、宽广和包容。它体现了母性的温柔、忍耐和坚韧不拔的精神，它是承载和孕育万物的原始力量。项目领导者常常需要处理多样化的观点和利益

冲突，一旦确定战略愿景，如何用柔顺的方式统合对立，化解冲突，建立信任，凝聚人心，就变得尤为重要。

原则3意味着，项目领导者像大地一样，展现出极高的包容性，接纳并调和各种不同的意见和观点，以此统合对立。项目领导者能建立并维持与团队成员、项目干系人之间的信任关系，并推动项目的进展，从而带来真正的收益。

原则3对应了5种领导力状态（状态11~15）：

11.迷茫状态：在此状态下，项目领导者显得有些冷漠和没有活力，他们在现有流程、制度和变化的项目环境中挣扎。团队成员和其他项目干系人中存在的沮丧、困惑的情绪不断蔓延，缺乏有效的沟通和信任，导致项目走向不利的局面。

12.强制状态：此时的项目领导者常常表现出急躁，他们试图通过强制的方式和严格的控制来增强项目执行力。这种方式往往无法获得团队成员的内心认同，增加了项目失败的风险。

13.统一状态：项目领导者在这个阶段具备了统一矛盾和化解对立的能力，他们能够在团队成员之间建立起信任感，提高团队的凝聚力，从而提升项目成果的质量。

14.信赖状态：项目领导者在此阶段不仅能够有效运用敏捷方法，统一团队中的矛盾，建立相互信赖的关系，而且能够在团队和项目干系人之间建立和谐的氛围，赢得他们的信任，促进团队的合作和发展，最终实现令客户惊艳的成果。

15.共鸣状态：在最高的领导力状态下，项目领导者能够将所有看似无关的人和事连接起来，使每个人都能充分发挥自己的能力，在这种整体的共鸣中产生独特的影响力，成为项目领导的典范和榜样。

巽卦——原则4：柔和引导，如沐春风：

在易经中，巽卦象征风，代表着柔顺、温和、散发、传达、影响和吹送。巽卦的柔顺和温和之性表现在柔性领导，这并不意味着领导者要展示弱势，相反，这种方式可以更好地引导团队成员，建立和谐的工作氛围。巽卦所代表的散发和传达，突出了项目领导者需要的良好沟通能力。无论是项目的目标、策略，还是团队的疑虑和建议，都需要有效地传达给所有的团队成员。这就像风的特性一样，能广泛地散播信息，并在团队中形成共识，增强团队的凝聚力。

原则4意味着，项目领导者能以柔和的方式引导团队，使团队成员如沐春风。能有效地传递项目的目标和策略，处理好团队的疑虑和建议，以便在团队中形成共识。项目领导者能以身作则，推动项目的进展，同时也注意自己的行为和决策对团队的影响。项目领导者就像风一样，具有深入人心的影响力，能够通过有效的沟通和说服，引导项目团队朝着共同的目标前进。

原则4对应了5种领导力状态（状态16~20）：

16. 迟疑状态：项目领导者常常在决策时表现出犹豫不决的态度，由于对直觉和真实情况的抑制，导致自己在困扰和忧虑中无法有效地向团队和其他项目相关人员传递正确的信息，最终可能导致项目的失败。

17. 冲动状态：项目领导者常常会做出冲动和草率的决定，尝试逃避或结束项目。然而，这些决定往往并不是基于自身的清晰认知，而是出于恐惧。这种冲动的领导力风格可能会导致更多的问题，使项目面临失败的风险。

18. 直觉状态：项目领导者开始更加信任自己的直觉，变得更为灵活和协调，他们的思想和意图能够真正深入团队和其他项目相关人员，具有应对挑战的本能，从而不断提升项目成果的质量。

19. 清晰状态：项目领导者的直觉变得更加自然和强大，他们在人际交往中展现出一种柔和的力量，能够整合团队和其他项目相关人员的能力。领导力风格从直觉式转变为敏捷式，形成敏捷思维，最终实现令客户惊喜的成果。

20. 柔和状态：项目领导者的领导力达到了如水般柔和的境地，像水滴穿石、风入心扉一样，让团队和其他项目相关人员如沐春风，凝聚在项目领导者周围，形成完美和谐的状态，成为值得学习的典范和榜样。

项目领导力深度——安心专注力

项目领导力深度指的是项目领导者有很高的自我控制能力，能够带领项目团队安心专注，沉稳执着，不被诱惑或杂事分心，心甘情愿地放下私欲、乐于奉献。项目领导力深度代表了项目热度状态的好坏：是否以及如何让团队专精、纯粹。如果要让项目团队高效且愉快的工作，领导者应能为团队挡掉干扰，使团队成员能安心专注在项目工作上，且促进团队成员放下私欲，乐于奉献，互相帮忙。

艮卦——原则5：挡掉干扰，安心专注

在易经中，艮卦象征着山，代表停止、阻止和边界。在这里，阻止并不完全是负面的，而是对于外来干扰的制止，保持内心的安定和专注，这也象征了坚定的决心和不屈不挠的意志。艮卦不仅关注行为上由动到静，还强调内心的宁静、安定，专注于战略和愿景，挡掉干扰，防患于未然。由知止，历定静，以至能虑而得。通过挡掉干扰，专注内心，它倡导保持平静，心神宁静，不被外界纷扰所困扰，从而保持明晰的思考和决策。

原则5意味着，当项目遭遇压力、困难时，项目领导者能够坦然接受压力并表现出足够的耐心，通过改变项目团队的关系、氛围，协助项目团队免受干扰的影响，专注于项目团队的终极目标，找到可以更好服务客户的途径，从而带领项目团队呈现更好的项目成果和客户体验，持续为客户创造更高的价值。

原则5对应了5种领导力状态（状态21~25）：

21. 崩溃状态：项目领导者表现出消极的态度和困惑的行为，可能在生理和心理上都感到压力过大，陷入了沮丧和冷漠的情绪中。由于缺乏活力和支持力，项目的运行停滞不前，无法提供客户所期待的成果，最终可能导致项目失败。

22. 逃避状态：项目领导者容易陷入焦躁和不安的情绪，可能会因为恐惧而对其他人产生过激的反应。由于这种行为可能使项目团队失去方向，因此团队可能会过于急躁地解决问题，以试图缓解压力，但最终可能因为筋疲力尽而导致项目失败。

23. 耐心状态：项目领导者开始变得更加有耐心，不急于求成，而是按照自然的步调去完成项目。他们能够准确把握项目的进度，适时地决定前进或者暂停，这样做能够不断提升项目成果的质量。

24. 利他状态：项目领导者不会忘记项目的初衷和使命，那就是为了帮助客户和项目干系人，而不仅仅是为了自己。这种无私的精神和创新的力量能够促使项目团队积极参与，充分运用敏捷的方法来挡掉所有的干扰，最终实现令客户惊喜的成果。

25. 宁静状态：项目领导者能够保持心态的平和，面对压力和矛盾，他们能够保持坚定，像山一样稳定。他们可以达到自我忘却的境界，表现出朴素、简洁、理智、平静和专注的状态，成为值得学习的典范和榜样。

离卦——原则6：放下私欲，乐于奉献

在易经中，离卦代表火，象征照亮、温暖、热情和活力。离卦的意义和项目领导力的关系，在于指导力、热忱以及变革能力，以轻松的态度对待压力，同时也强调放下私欲，全情投入，乐于奉献的精神。火照亮黑暗，代表领导者应具有明确的愿景和目标，为团队指明前进的道路。同时，火的温暖和热情象征领导者的鼓励精神和对团队的支持。火的活力和易变性则强调领导者需要具备的适应变化，驱动团队前行的能力。

原则6意味着，火无私地燃烧自己，给予光和热，就像优秀的领导者，他们放下个人的利益，专注于项目的成功，愿意付出自己的时间和精力，为团队创造一个积极、开放的工作环境。能自觉具备以客户利益为上的奉献精神，乐于互相帮助，持续为客户创造更高的价值。

原则6对应了5种领导力状态（状态26~30）：

26. 刻板状态：项目领导者过于专注于商业利益和关键绩效指标（KPI），他们可能会冷漠且机械地执行项目流程和规定。由于过于刻板地遵守规则，项目成员可能会失去热情，感到压抑和悲观，这样的氛围可能会导致项目无法达到客户的满意度，最终可能导致项目失败。

27. 放纵状态：项目领导者可能没有将为客户创造最大价值作为目标，只专注于追求个人的商业利益和KPI。他们可能会过于纵容自己，反感任何形式的约束和控制，这种过度的自由可能会导致项目陷入失败。

28. 轻松状态：项目领导者开始注重培养内在的驱动力，他们能够准确地控制压力，并保持正确的方向。他们能够通过更广阔的视角和更高的心智水平来理解项目相关人员的需求，这样做可以提升项目成果的质量。

29. 幽默状态：项目领导者能够以客观和幽默的态度对待情绪和欲望，他们在避免被欲望驱使的同时，也能够更好地理解和关心他人。他们会主动采用敏捷思维和敏捷方法，超越小集体的利益，克服各种难题，从而达

到超过客户期望的项目成果。

30. 欣喜状态：项目领导者始终把客户和组织的利益放在第一位，像太阳一样源源不断地发出光和热，照亮并温暖整个项目团队。他们引领团队保持激情满满的工作状态，成为值得尊敬的典范和榜样。

项目领导力进度——喜悦交付力

项目领导力进度是指领导者在进度上扫清困难，排除障碍，小步快跑，用心营造愉悦的氛围，及时、有效地交付对客户最有价值的成果和服务。项目领导力进度代表了项目能量显化的结果（价值）：是否以及如何让团队和项目干系人不断感到愉悦和有成就感。

坎卦——原则7：扫清困难，排除障碍

在易经中，坎卦代表水，象征深沉、流动、适应性强和克服困难。水的深沉和宽广象征了领导者的深远眼光和开阔的心态。水的流动性和适应性强表示了领导者应具有的灵活思维和应变能力。水的力量和无坚不摧的特性恰好象征了项目领导者扫清困难，排除障碍的能力。坎卦的含义在项目领导力中体现了领导者需要具备的长（深）远眼光，灵活应对能力，以及坚韧不拔战胜困难的决心。

原则7意味着，项目领导者需要像水一样，有包容和接纳困难的心态，同时也要有深入解决困难（了解项目）的决心和毅力。面对项目中出现的各种问题和变数，项目领导者需要像水一样，能迅速调整策略，灵活应对。无论遇到什么阻碍，水都能持续对其冲刷，最终打通阻碍，走向前方。项目领导者在面对困难和挑战时，也应有此种决心和毅力，积极寻求解决方案，扫清前进道路上的所有障碍。在面对项目困难时，如同水一样，坚韧不拔，绕过阻碍，扫清困难，直至成功。

原则7对应了5种领导力状态（状态31~35）：

31. 畏拒状态：项目领导者由于恐惧不敢说"不"，他们可能会允许他人滥用项目资源。他们可能缺乏勇气结束应该结束的工作，导致他们的精力被耗尽，最终无法实现对项目的承诺，导致项目失败。

32. 失信状态：项目领导者可能会在面对压力和挫折时失去信心。他们可能会很难兑现承诺，可能会因为无法合理管理他人对他们的期望而感到困扰。这种状态可能会导致客户对项目产生不信任感，进而导致项目失败。

33. 承诺状态：项目领导者展现出不屈不挠的精神，他们有勇气承诺并将承诺转化为实际行动。他们能够利用承诺的力量帮助自己和团队渡过难关，从而提高项目成果的质量。

34. 信心状态：项目领导者有能力向客户承诺更多服务，他们能够对项目生命周期中的每个决定给出明确的承诺，同时展示出未来的发展景象。他们能够充分运用敏捷方法，从而创造出超过客户期望的项目成果。

35. 虔诚状态：项目领导者有坚定的信念，他们愿意为了实现更高的目标而献身。他们的坚定信念和虔诚的付出使项目团队能够排除困难和障碍，最终取得完美的成果，成为值得敬佩的典范和榜样。

兑卦——原则8：营造喜悦，有效交付

在易经中，兑卦象征湖，代表喜悦和满足。也象征着口和舌头，代表了交流和沟通。兑卦的喜悦和满足，预示着领导者应致力于建立和维护一个积极、快乐的团队氛围。一个快乐的团队更能鼓舞员工的士气，提高他们的工作效率和质量，这对于项目的有效交付具有直接的影响。兑卦的交流和沟通意味着领导者需要具备优秀的沟通能力，以便团队成员清晰地了解他们的责任和期望，这有助于项目的有效交付。

原则8意味着，项目领导者能营造内外皆喜悦的和谐氛围，有效沟通任务目标和项目进度，并注重团队成员的满足感，积极反馈他们的成果，赞扬他们的努力，以提高团队的士气和动力。项目领导者与团队成员之间、团队成员与团队成员之间的和谐融洽，以及项目团队与客户、其他项目干系人之间建立的和悦亨通的关系，能鼓励他们致力于项目的成功交付。

原则8对应了5种领导力状态（状态36~40）：

36. 不满状态：项目领导者持续处在焦虑的状态，他们感到无论付出多大的努力，都无法获得满意的结果，导致团队成员对项目持有消极态度，无法交付客户期望的成果，项目可能因此失败。

37. 打扰状态：项目领导者因对现状的不满而扰乱正常的工作节奏，这可能会干扰团队成员的正常工作。项目领导者只能通过自说自话的方式来平息其他项目相关人员对项目进展的不满，这可能会增加项目失败的风险。

38. 活力状态：项目领导者能够营造出愉快的工作氛围，他们能激发团队成员和其他相关人员的积极性和活力，让每个人都能专注于自己的工作，项目的质量也因此不断得到提升。

39. 感动状态：项目领导者能够带领团队成员不断创造愉快的氛围，将项目的活力提升到新的层次。他们能够利用敏捷的方法，最终创造出让客户感动的成果，并让团队成员共享成功的荣耀。

40. 喜悦状态：团队成员和相关人员普遍感到喜悦已经成为常态。在这个状态下，项目展现出去中心化的特性，人人以创造喜悦为优先目标，项目领导者在这个阶段成为了值得尊敬的典范和榜样。

总结上述内容，PL5D项目领导力模型也可称为5—8—40模型（5个维度—8项原则—40种状态）。基于霍金斯博士的研究，以人的热度为出发点，结合宇宙时空的4个维度，得到项目领导力的5个维度（热度、高度、广度、深度和进度）；以易经的八卦为基础，将时空的4个维度细分为项目领导力的8项原则；以人的热度高低的5个级别（没有力量、负面力量、天赋力量、成就力量、完美力量）来衡量8项原则，得到便于量化评价、全面实践的40种项目领导力状态。在巨变时代，可以在此基础上描述、测评、提升项目领导者、项目团队及组织所需的全方位领导力。

项目领导力的升维思考与降维打击

"升维思考，降维打击"是在项目中运用PL5D项目领导力模型最形象的诠释。也是本书在具体阐述PL5D项目领导力的高度、广度、深度和进度时基本的分析框架。"升维思考，降维打击"的理念要求我们在更广阔的视野和框架下审视问题，跳脱常规的思维限制，深入挖掘并掌握问题的实质。利用这些高维度的知识和信息，有效地解决问题或改变现有状况。"升维思考"像是在从高维角度俯瞰全局，如同我们可以从空中看到小蚂蚁在二维平面上爬行。这种高维度的视角让我们能够全方位、立体地审视问题，看到问题的全貌，并具备更广阔的视野和深度。

在项目领导力中，"升维思考"的第一层含义是，增加和提升分析项目的维度和角度：在项目的多个维度（如高度、广度、深度和进度等），从文化、价值观和愿景使命等层面，实现宏观和全局的理解。这不仅使得项目成员能够更清晰地理解战略和治理体系的构造，也帮助他们看到行业、组织和项目发展的趋势，进而提升其积极性和主动性。

"升维思考"的第二层含义是，从易经的古老和高维智慧中提升项目领导力中具体原则的理解和认识。本书的第四章至第七章说明了每个维度的两个项目领导力原则。我们从每个原则对应的易经卦象，以及每个卦象对应的六个爻的具体含义，来阐述在动荡变化的环境中，如何从升维的角度把握每个原则实施的具体参考建议。

"降维打击"是在高维度的平台上，以低维度难以想象的方式来征服对方，实现目标。在项目领导力中，"降维打击"的第一层含义是，在巨变时代，强调人与人之间的有效互动和情感融合的项目管理方式会对那些机械刻板地执行WBS所分解的项目工作，以及不能适应环境变化的僵化流程的传统项目管理方式实现碾压般的降维打击。

"降维打击"的第二层含义是，项目领导力中处于高层次热度状态的项目领导者会对那些处于低层次热度状态的项目领导者在项目最后的产出和效能上产生碾压般的降维打击。本书的第四章至第七章说明了对应维度的两个项目领导力原则，并进一步介绍了从热度状态折射的该项目领导力原则的5个不同层次。层次越高，这个维度的项目领导力就越强。其中，天赋力量、成就力量和完美力量这三个层次能降维打击没有力量和负面力量这两个层次。即便在巨变时代，具备天赋力量、成就力量和完美力量的项目领导者和项目成员也都能在项目干系人管理和项目交付成果方面有卓越的表现。

人类的情感和灵性是我们与生俱来的独特天赋。爱和内在驱动力可以提升我们的能量状态，而恐惧和外部压力则可能降低我们的能量状态。在项目领导力中，"升维思考，降维打击"的理念强调投入情感和创新灵感，以及从高度、广度、深度和进度四个方向展现卓越的领导力。它要求所有项目成员和其他干系人在项目中展现出卓越的领导力，通过探索、思考、创造并交付价值，尽量减少无效能量的浪费（熵减），以更有效地实现项目的价值。这一理念在项目领导力的实践中，指引和帮助我们朝着正确的方向实现项目的目标。

第三章

项目领导力热度：熵减赋能力

熵是一个在热力学中被广泛使用的概念，用来描述一个系统的混乱度或无序度。在更广义的语境中，熵也常被用来描述一个组织、团队或个人的混乱状态。熵减，就是通过某种方式来使混乱度或无序度降低，使系统的有序度提高。赋能通常是指，赋予个人或团队权力和资源，以提高他们的能力并增强他们的信心，从而使他们更好地完成任务或目标。赋能在本书中有更深层的含义，即提升个人或团队的能量状态（热度）。本书中的"熵减赋能力"是指，通过提升项目领导者和团队的能量状态，使项目的无用功、混乱度或无序度减少或降低（熵减）。这是一个从本质上提升项目领导力，从而使团队协作度更高，项目进程更顺、成功率更大，组织竞争力更强的过程。

本章说明了PL5D项目领导力模型的核心内容，也就是项目领导力热度（Project Leadership Vitality，PLV）。在"项目领导力热度状态阶梯图"中，我们将项目领导力分为6个热度状态级别（完美力量、成就力量、天赋力量、负面力量、没有力量、黑洞力量）和16个热度状态层级。PL5D项目领导力模型通过量化热度层级，使领导力能从高度、广度、深度和进度得到准确的衡量和评估。

中国科学院院士、美国科学院外籍院士施一公说过，这个世界是由超微观世界（有自旋和能级、能量的粒子）决定微观世界（眼睛看不到的酶、蛋白质）的，微观世界决定宏观世界（可以看到的东西）的，人是宏观世界里的一个个体，所以我们从本质上一定是由微观世界决定的，更是由超微观世界决定的。施一公说，我毫不怀疑我就是一个薛定谔方程、一个生命形式、一个能量形式，我们每个人不仅是一堆原子，而且是由一堆粒子构成的，大约有6×10^{27}个原子。美国著名的发明家尼古拉·特斯拉也说过："如果你想发现宇宙的秘密，请考虑能量吧，尤其是能量的振动频率。"科学实验已经证明，同样的基本粒子，在振动频率提高后，其排列会从混乱无序变得更井然有序，呈现的图形也会变得更对称、更美丽。所以，对于同一个人，当其基本粒子处在不同的振动频率时，就会表现出不同的能量状态，呈现出不同的情绪。（引自施一公于2016年1月17日在"未来论坛"年会上发表的题为《生命科学认知的极限》的演讲。）

项目领导者的主要任务就是，要减少项目中的混乱和不确定性，而这需要高级别的能量状态（本章所说的热度状态）。换句话说，更高级别的能量状态意味着更高的振动频率。只有在这样的状态下，项目领导者才能清晰地看到混乱和不确定性的来源，并找到解决的方案。同时，只有在高能量的状态下，人们才能有足够的能力和资源赋能自己和他人，从而推动项目取得成功。

在这个瞬息万变的时代，项目成员和项目领导者只有都保持一定的热度状态，项目才能成功。这就是为什么《PMBOK®指南》（第7版）明确提出，在项目进行的过程中，需要持续监控项目参与者的状态，以确保项目的顺利进行和最终的成功。

5D 项目领导力案例

为了让读者理解如何在项目中应用PL5D项目领导力模型，我们用一个案例（情节真实，公司名称、人名、地点名称等为虚构）来贯穿全书，这是作者亲身经历的真实案例，共计10篇，分布于第三章至第七章，每章配两篇故事。本章介绍案例的背景与初步成果，至于如何运用5D项目领导力模型，使项目团队成功交付价值的细节，将在后续章节分别说明。

5D项目领导力案例第1篇：乌云密布

周一早高峰时段，天空乌云密布，电闪雷鸣，金山大道的隧道前排起了长长的车龙。B公司P项目的项目经理小战紧握方向盘，看了一下手表，车已经被堵在这里40分钟了。虽然特意提前半小时出门，但小战看来仍然无法按时参加公司王总亲自主持的P项目专题讨论会了。

小战无奈地叹了一口气，P项目是自己上周末刚刚接手的一个问题项目，为公司重点客户——国有大型A集团——开发商业智能分析与决策云系统的软件。P项目同时是B公司的年度重点项目：项目采用传统开发模式，在项目初期确认需求后，公司王总亲自担任项目发起人，组织公司最优质的资源开展系统分析、设计、开发、测试等工作。而且为了避免验收风险，每个月都召开针对P项目的项目例会，按照项目规划进度管制项目。在项目例会上，会审查阶段产出文档。之前，该项目的进度一直符合预期。

然而，就和今天上班一样，虽然起了个大早，却依然赶了个晚集：P项目进行了8个月后，年度内的软件开发计划告一段落。但没想到，当把软件提交给A集团测试时，A集团的各级领导和基层员工都不满意。B公司的开发团队认为该做的工作都完成了，但A集团觉得B公司开发的软件不符合他们的真实需求。B公司不得不增派资深工程师进行修改，但无论怎么修改，A集团还是不满意，以致项目停滞。已经过了4个星期，项目仍然没有任何进展。而且双方剑拔弩张，气氛越来越不好。在双方共同参与的项目会议上，A集团的分管副总杜总痛骂A集团P项目的总监，P项目的总监转而痛骂P项目的项目经理，B公司的项目经理也情绪失控，开始痛骂开发团队，开发团队有苦说不出，委屈万分。

双方甚至考虑中止项目，但A集团正面临市场与国家战略的压力，项目中止将影响集团的战略布局，所以此项目只准成功不准失败。没过几天，B公司P项目的项目经理提出辞职，B公司的王总只好换人，由刚刚成功完成B公司X项目的项目经理小战接管P项目。

在X项目中取得出色成果的项目经理小战原本不想接管P项目，然而王总和他谈了好几次，说明了A集团和P项目对B公司的重要意义，甚至拿公司的生死存亡来说服他，小战只好临危受命。但是在他看来，这个项目"前途渺茫"。X项目之所以能顺利完成，多亏小战采用了敏捷项目管理的做法，他在一年前参加"组织项目管理协会"（OPMA）的专家许博士和张博士举办的敏捷项目领导力培训时受到了启发。但是他已经了解过，P项目采用的是传统的项目管理方法，所以小战觉得自己完全没有把握完成项目目标。

"叮铃铃"，突然响起的手机铃声打断了小战的思路，公司王总打来了电话。小战知道王总为了这个项目已经很久没有睡个好觉了，自己本来答应他在今天的项目专题会上提出一个有用的解决方案，可是，现在该怎么和他说呢……小战下意识地接通了王总的电话。

"小战，关于P项目……"手机里传来了王总焦急的声音。

"王总，关于P项目，我想到了一个解决方案……"小战灵机一动，"组织项目管理协会的专家也许能够帮我们摆脱困境……"

电话那头的王总愣了一下："今天早上，我接到了A集团陈董事长的电话，他再次强调了这个项目只准成功不准失败，也提到他曾经听过组织项目管理协会的许博士和张博士的课程，觉得他们应该能够帮上我们的忙。你说的专家，是指他们两位吗？"

这下轮到小战愣住了："王总，这么巧，我说的专家，就是许博士和张博士啊。不瞒你说，在做X项目时，我就是因为听了他们的课程而深受启发，采取了很多课程上介绍的实践方法才把X项目成功完成。但是这些做法和P项目目前采用的传统开发方法并不相同……"

小战的话还没有说完，就被王总打断了："你不用多说了，赶紧联系两位专家，尽快约他们和我见面，P项目已经拖不起了。A集团的陈董事长信任他们，我本来打电话给你就是想让你赶紧联系他们。这样吧，你就不用来公司开会了，现在就直接去OPMA拜访两位专家，请他们尽快抽出时间来参与这个项目。也许，这是P项目最后的希望了。"

5D项目领导力案例第2篇：兵贵神速

看着会议室里给A集团各级领导者做培训的许博士和张博士，小战的嘴角露出了一丝微笑。自从一个月前把两位专家请来后，P项目似乎正在朝着成功的方向前进。

由于A集团陈董事长的亲自过问，加上B公司王总对两位专家的信任和全力配合，两位专家立即被聘为P项目的外部敏捷教练。陈董事长特别强调，之所以聘请两位专家担任外部敏捷教练，而不仅仅是项目顾问，是因为外部敏捷教练会全程陪同项目团队，视状况对团队或个人进行教练辅导，帮助所有人按照敏捷原则和纪律执行项目，做到凡事从客户出发，同时提升团队的能量状态，引导项目领导者赋能团队。两位专家很快就全面参与了P项目的教练辅导工作。按照许博士和张博士的建议，兵马未动，培训先行。两位教练先通过三个步骤立竿见影地提升了P项目各方干系人的状态和热情，让P项目看似有了转机。

第一步：培训团队领导者及支持单位。A集团的与P项目相关的领导者及B公司的管理人员参加了3梯次为期1天的概念课程。通过培训，大家明确了甲乙方其实是一个团队，应该互相帮助，要快速做出解决跨部门问题的决策，降低决策延误，确保P项目成功。

第二步：培训团队。A集团的用户代表和B公司的开发团队参加了3梯次为期3天的敏捷项目管理课程。这次培训改变了团队成员的心态，建立了"凡事从客户出发，为客户创造价值"的文化理念。他们了解了传统开发方法的不足，拥有了敏捷项目管理的思维，并学会了敏捷项目管理的工具和方法。

第三步：培训管理层。针对A集团领导者和管理者进行了3次现场教练辅导，面对面地讨论、沟通并确认愿景。在两位教练与高层领导者和重要项目干系人一对一交流后，还通过工作坊的方式，一方面让项目成员清晰了高层领导者对项目的愿景及对项目团队的期许，另一方面让项目成员针对A集团和B公司双方的愿景和项目愿景做了个"交集"，引导项目成员发表意见，最后一起制定了项目愿景。通过这些立竿见影的做法，P项目好像有了新的转机和成功的希望。

小战通过参与两位教练对项目干系人的培训和辅导，找到了P项目陷入困境的原因，正如两位教练在做完项目调研后所说的，"P项目从一开始就没有校准项目愿景"。在动荡的环境中，如果项目干系人没有就项目愿景达成共识，就很难保证项目在实施过程中不走弯路，也很难保证项目交付的成果能够得到用户的认可。对于P项目而言，A集团的领导者对商业智能分析和决策云系统的想象及期待都与

B公司在项目开始时从A集团（包括各部门和具体使用者）调研到的需求不一样。

因为没有类似的项目经验，加上组织和项目的环境变化很快，当B公司按照传统方式开发P项目时，实际上并未获得用户的真实需求，也未及时跟踪需求的变化。在开发过程中，虽然项目团队在每月的项目例会上与用户进行沟通，对B公司P项目团队完成的阶段文档进行审查：SRR系统需求审查、SFR系统功能审查、CDR关键设计审查等，该把关的一样也没少，但作为软件用户的A集团领导者和基层员工要在8个月后才真正地使用软件，导致用户在使用后才发现软件并不能满足自身需求，所以才引发了项目危机。

在两位教练对P项目的项目干系人进行培训后，B公司的后续开发工作摒弃了传统项目的做法，引入了敏捷项目管理的最佳实践。

（1）采用敏捷开发模式，教练团队每月进行4次为期1天的团队现场辅导：每月1次的发布规划、发布审查与回顾，每2周1次的迭代规划、迭代审查。在每次发布规划和迭代规划时，项目团队都会根据A集团的需求进行排序，优先完成对用户具有最高价值的内容。

（2）用户需求以用户故事及DevOps、测试驱动开发（Test-Driven Development，TDD）的方式呈现。用户故事记录用户类别、需求功能、用户价值。在进行发布规划时，开发团队与用户代表共同确认用户故事的验收标准；在进行迭代规划时，开发团队与用户代表共同确认测试案例，并进行工作分解。

（3）每月1次的发布回顾分两个阶段进行。第一阶段：感谢仪式，大家自愿感谢本月对项目有贡献的人；第二阶段：问题与改善，团队成员总结这个月存在哪些问题及如何改善。

（4）每天进行15分钟的站会。A集团的产品负责人（Product Owner，PO）与B公司的开发团队每天进行15分钟的站会，B公司项目成员逐一陈述昨天完成了哪些工作，今天下班前要完成哪些工作，要完成的工作有没有困难。在开完每日站会后，对于项目团队权责范围内可以处理的难题，相关人员留下讨论，其他人解散。对于项目团队权责范围内无法处理的难题，应在开完每日站会后，向上级汇报，由上级在跨部门协调会议上提出，并形成解决难题的决议。

通过对P项目领导者和项目干系人进行培训和辅导，以及以每月会议、每周会议、每日站会的不同形式进行沟通和反馈，小战明显感觉到P项目正在发生变化。

一方面，大家对P项目的认识逐渐统一起来。过去，大家埋头工作，并不了解高层领导者随着形势变化慢慢改变了对P项目的真实想法。当两位教练在与A集团的陈董事长和B公司的王总面对面交流后，充分了解了高层领导者对P项目的意图和想法，也明白了他们的顾虑和困惑，并通过许博士抽丝剥茧的问题分析和张博士旁征博引的解释说明，完全得到了陈董事长和王总的信任和认可。在接下来的各种培训和辅导中，两位教练清晰地把P项目的战略定位、对公司的价值和意义传达给了项目干系人，并引导他们充分表达自己的想法，最后，教练、公司高层和项目团队共创了项目愿景。

另一方面，在两位教练的辅导下，项目团队的状态也在逐步改善。在每次团队辅导开始前30分钟，两位教练会先与公司高层领导者和项目经理进行一对一交流，了解项目当前存在的具体问题与挑战。这种沟通方式产生的效果令人印象深刻——在交流开始前，高层领导者和项目经理明显表现出一筹莫展和手足无措的状态。但在一对一交流后，他们的情绪和状态出现了明显的改变，变得轻松从容。这种来自高层领导者和项目经理的情绪与状态的变化，慢慢地也影响和感染了项目的基层员工及其他相关人员。团队成员的心态逐渐变得乐观，士气也开始恢复。久违的笑容再次出现在大家的脸上，人们的眼神中重新燃起信心与希望。项目双方的凝聚力也因此得到增强。

项目经理小战虽然因项目团队状态的改善而感到高兴，但心中仍存有一丝不安：尽管P项目似乎开始步入正轨，但项目之前存在的各种问题仍未解决。接下来，要如何解决P项目的这些问题呢？

正如小战所担忧的那样，项目执行过程中难免会遇到各种挑战与困难。要实现项目的成功，需要依靠项目领导者带领团队应对这些问题。我们可以借鉴PL5D项目领导力模型的核心内容——热度，以此作为切入点来探讨这个话题。

项目领导力热度状态阶梯图

在介绍项目领导力热度状态阶梯图前，我们先来简要理解热度状态的概念。可以将热度状态（能量状态）理解为一个人展现活力与动力的度量标准，它反映着一个人的精神面貌与情绪状态。热度状态越高，一个人展现的活力与动力越强，精神面貌与情绪状态也越好。在巨变时代，这意味着个人的适应力和应变力也越强；反之亦然。影响热度状态的因素主要包括：身体的健康情况，自我认可程度与自尊水平，以及已建立的信念与文化价值观。

华为发现，在巨变时代，企业和项目团队特别容易失去活力，走向混乱。在巨变时代，战略方向只能够做到大致正确，而"快速行动+快速迭代"就成了战略成功的关键。在巨变时代，完全看准产业方向和技术方向是不太可能的，做到大致准确就很了不起了。华为不是处处都做得正确，也经常犯错误，它在印度市场摔过大跟头，在欧洲市场"登陆战"时差点被人赶下海，在美国市场错失机会。有的时候战略正确，有的时候大致正确，有的时候甚至大致不正确。在战略对的时候能加快发展，在不太对的时候能及时调整，华为总体上靠的是快：学得快、做得快、改得快。快的背后是勤奋，勤奋背后就是组织活力。

任正非为什么特别推崇"熵减"的管理哲学？因为熵减的核心价值就是激活组织和组织中的人，就是要给各级管理者赋能。组织的上上下下要充满活力，管理团队尤其要充满活力。未来的不确定性会给战略制定带来巨大的挑战，做到大致正确相当不容易，决策执行需要充满活力，决策制定、决策落实、决策调整更需要充满活力。在当今复杂的形势下，战略规划无法消除风险，最多只能提高成功概率。若想勇敢做出战略抉择，管理者必须先接受这一事实。管理者需要在前进的过程中根据市场的情况以及消费者的反应，甚至是竞争对手的动态来随机应变。这种随机应变就是一种重要的组织活力，需要领导者具有足够高的热度状态。

正如前面提到的，在巨变时代，简单的、确定的项目管理环境已经越来越少。面对变化环境下的复杂项目，当传统的流程和工具无法发挥作用时，当我们在项目中面临挑战、遭受挫折、经历失败、感到迷惘时，正是展现令人赞叹的领导力来实现卓越结果的关键时刻，正是需要应用项目领导力热度状态阶梯图来指导赋能的最好时刻。

项目领导力热度可以通过项目领导力热度状态阶梯图来表示。项目领导力热度状态阶梯图如图3-1所示，它包含项目领导力从弱到强的16个热度状态阶梯层级，分别对应"SOS""很缺爱""需要爱""爱自己+成为爱""成就爱""充满爱"6个阶段和"F""D""C""B""A""A+"6个热度分类级别，其对应的行为示例如表3-1所示。

层级 阶段	状态名称		级别
16 充满爱	**幸福与宁静**	自我实现的榜样，卓越完美的项目典范，超越技术范畴	A+级
15 充满爱	**喜悦与安详**	享受项目，给项目干系人带来内心持久的喜悦和疗愈	
14 充满爱	**仁爱与慈祥**	动机纯洁，献身项目，全面显著地提升项目干系人的幸福感	
13 成就爱	**聪慧与明智**	解决项目复杂性，创建未来项目成功的完整系统和规范	A级
12 成就爱	**宽容与感恩**	理解项目成功源于内在，接受团队的多样性，解决冲突和难题	
11 成就爱	**主动与乐观**	项目能快速纠错，领导者谦虚敞开，全情投入，追求极致	
10 成为爱	**信任与可靠**	确保项目成功所需的领导者状态，开始尊重他人，成就他人	B级
9 爱自己	**勇气与坚韧**	确保项目成功所需的团队状态，尊重自己，展现天赋力量	
8 需要爱	**骄傲与蔑视**	项目高手做不好项目的常见原因（狂妄自大，傲慢，完美展现负面力量）	C级
7 需要爱	**愤怒与怨恨**	项目受挫后最终失败的常见原因（责任都怪外在、忌妒、敌对、挑衅、憎恨）	
6 需要爱	**上瘾与贪婪**	有力量单独完成项目工作，但项目驱动不源于内在（失望转化为其他欲望，真实）	
5 很缺爱	**恐惧与压抑**	没有力量单独完成项目工作，习惯听命令被控制（畏手畏脚，不敢表达意见）	D级
4 很缺爱	**悲伤与消沉**	对项目结果悲观，对项目工作逃避，惰怠和依赖（情绪低落，悲恸，自责）	
3 很缺爱	**冷漠与无助**	对项目干系人冷漠，对项目结果绝望，而且不寻求帮助（哀莫大于心死）	
2 SOS	**内疚与自责**	对项目表现非常懊悔和自责，信心和力量加速流失（开始进入自噬的黑洞模式）	F级
1 SOS	**羞愧与放弃**	对项目完全放弃，觉得自己不存在对项目更好（内心极其痛苦，难过到无法忍受）	

图3-1 项目领导力热度状态阶梯图

表 3-1 状态级别、热度状态阶梯层级、对应行为示例对照表

状态级别	热度状态阶梯层级		项目领导者对应行为示例
A+级 😊 充满爱	16	幸福与宁静	自我实现的榜样，卓越完美的项目典范，超越专业技术范畴
	15	喜悦与安详	享受项目工作的每分钟，沉浸于项目，给项目干系人带来内心持久的喜悦和疗愈
	14	仁爱与慈祥	动机纯洁，献身项目，全面显著地提升项目干系人的幸福感（热度状态）

续表

状态级别	热度状态阶梯层级		项目领导者对应行为示例
A 级 ☻☻ 成就爱	13	聪慧与明智	解决项目复杂性，创建未来项目成功的完整系统和规范。成为国家级的行业专家，主持完成项目重大成果
	12	宽容与感恩	理解项目成功源于内在，接受团队成员的多样性（或不同意见），能解决内部冲突和疑难问题，善用感激和感恩提升士气
	11	主动与乐观	项目能快速纠错，领导者谦虚敞开，全情投入，追求极致。善于回顾、学习和总结项目经验，不断提升自身能力；正确对待失败，领导团队走出困境，并成就团队成员
B 级 ☺ 成为爱 + 爱自己	10	信任与可靠	确保项目成功所需的领导者状态，开始尊重他人，理解他人，成就他人。团队成员有安全感，愿意倾诉自己的心声。善于帮助团队其他成员，能够接纳他人意见，尊重团队成员；让利于一线员工，关心员工状态，帮员工排忧解难
	9	勇气与坚韧	确保项目成功所需的团队状态，尊重自己，展现天赋力量。坚定项目目标，有 1% 的希望也会付出 100% 的努力，相信自己的能力，处变不惊，勇于接受挑战
C 级 ☹ 需要爱	8	骄傲与蔑视	项目高手做不好项目的常见原因：狂妄自大，傲慢，完美展现负面力量。自认为能力很强，听不进别人意见，认为凡是自己不知道的都是错的或假的，抗拒接受新事物，看不起别人，凡事以自己的想法为中心
	7	愤怒与怨恨	项目受阻受挫后最终失败的常见原因：项目领导者把不符合期望的所有责任都怪外在、忌妒、敌对、挑衅、憎恨、发火骂人甚至动手体罚
	6	上瘾与贪婪	有力量单独完成项目工作，但项目驱动不源于内在。失望转化为其他欲望，只从个人利益的角度出发考虑项目奖励和项目成果的分配及归属等问题；做项目时很真实（功利心很强），容易痴迷于游戏等娱乐活动

续表

状态级别	热度状态阶梯层级		项目领导者对应行为示例
D级 ☹️ 很缺爱	5	恐惧与压抑	没有力量单独完成项目工作，习惯听命令被控制。畏手畏脚，不敢表达意见。怀疑项目成功的可能性，对项目目标没有信心。在项目实施过程中害怕承担责任；在与团队成员沟通时，对他人言语过于敏感
	4	悲伤与消沉	对项目结果悲观，对项目工作逃避。惰怠和依赖项目团队成员，不善于学习；无法在项目中找到价值，没有成就感，情绪低落，充满负能量和消极言论
	3	冷漠与无助	对项目干系人冷漠，对项目结果绝望，而且不寻求帮助（哀莫大于心死）。你说你的我做我的，看淡项目过程、结果、人和事，团队离心，没有凝聚力
F级 SOS SOS	2	内疚与自责	对项目表现非常懊悔和自责，信心和力量加速流失。经常认为是自己的原因阻碍项目进展，后悔进入项目团队，以致自尊心较强的团队成员受到打击
	1	羞愧与放弃	对项目完全放弃，觉得自己不存在对项目更好（内心极其痛苦，难过到无法忍受）。 由于家庭的重大变故或工作等原因，导致性格孤僻，无法正常交流，完全封闭和放弃自己

在项目领导力热度状态阶梯图中，第1~8级的状态在及格线之下。在项目进行中极易出现第1~8级的状态，项目领导者一定要及时察觉和识别热度状态，并及时调整、提高，否则项目很难成功。第9级是项目团队的热度状态及格线。第10级是项目领导者的热度状态及格线。项目领导者要努力保证自己和项目团队成员的热度状态都在及格线之上。热度状态阶梯的层级越高，项目团队的凝聚力和战斗力越强，面对变化和危机的适应能力越强，最后取得的项目交付成果越好。

在此，要提醒读者，热度状态有以下两个重要特征。

（1）热度状态通常会出现波动和起伏，是不断变化的。热度状态根据个人身体是否劳累、工作是否顺利等因素出现波动。但如果自己能识别具体的情况，热度状态是可以自动调整的。如果一个人能够逐渐学会处变不惊，越来越自信、坚韧，热度状态就会保持稳定并逐渐提高。项目领导者不断提升自己领导力的过程，本质上就是持续稳定和提升个人热度状态的过程。在热度状态的及格线之上，热度状态的层级越高，项目领导者的领导力就越强。为了确保项目成功和取得卓越成果，项目领导者必须至少保持自己和项目成员的热度状态在及格线之上。在前面的案例中，"早高峰堵车""项目迟迟没有进展"都可能影响小战的情绪状态，使他的热度状态下降。

（2）热度状态与个人的能力特征和性格特征是不同的。能力特征和性格特征通常是不会轻易改变的，如强大的逻辑运算能力、音乐艺术的天赋，以及外向和内向的性格。但是热度状态是在持续变化的，个人也应该主动地识别它并提升它。热度状态的层级越高，一个人的能力和性格就越可能表现出积极的一面，并取得卓越成果；热度状态的层级越低，一个人的能力和性格就越可能表现出消极的一面，并产生严重后果。

在项目中，如果现有的团队成员构成无法改变，项目领导者能够做的最有意义的事情就是提升自己和项目成员的热度状态，确保其在及格线之上。本书所提到的"赋能"就是此意。在前面的案例中，小战成功完成了X项目，说明他的能力和技术水平是足够的，但是并不代表他能够在P项目中有效地将项目成员低落的热度状态提升到及格线之上。

接下来，将按照由低到高的顺序解释说明项目领导力热度状态阶梯图的6个分类级别和16个热度状态阶梯层级。

F 级（对应热度状态阶梯层级 1~2）：黑洞力量

F级是及格线之下的三个分类级别中最低的一个，也是报警级别最高的一个，可以被看作正在发出紧急求救信号"SOS"。处在这个分类级别的人，若不能及时摆脱现状，其热度状态会加速恶化，就像黑洞一样，吞噬掉自己和周围人的活力。如果在F级的持续时间超过一周，身体会出现一些不适的症状，持续时间超过二周，有可能被医院确诊为抑郁症，需要接受医疗帮助和陪同照顾。所以，在项目管理中，最好不要给处于这个分类级别的人布置任何有可能影响项目最后结果的工作。同时，处在这个级别的人，一定要学会马上主动寻求别人的帮助。在前面案例中，B公司负责P项目的前任项目经理因为压力过大，导致热度状态下降，最后非常自责内疚，他就处于这个级别的层级2。项目经理如果不能尽快摆脱这个层级，就很容易彻底放弃（层级1）项目。

热度状态阶梯层级1：羞愧与放弃

处于这个热度状态阶梯层级的人内心极度痛苦，身心健康状况严重受损。他们恨不得找个地方躲起来，认为自己完全没有价值，觉得自己的存在只会给他人添麻烦。这些人失去活力和希望，认为如果自己不存在，周围的人可能过得更好。

处于此层级的人完全被痛苦笼罩，根本无法有效思考问题的解决方案。他们已完全看不到自身的优点与特色，常失去继续生存的动力，如同在自我意识层面选择放弃。如果长期处于这个层级，项目领导者的活力和热度很易降至零，需要密切关注并寻求医疗帮助。

热度状态阶梯层级2：内疚与自责

处于这个热度状态阶梯层级的人内心充满罪恶感，无法宽恕自己。他们不断责备自己——无法改变已发生之事，这种责备并非为了改进，而是单纯地否定自己。在每次责备自己后，他们的自信心便进一步下降，对未来更加悲观，情绪状态也更加低迷。他们常会表现出自虐倾向，身心也常处于交瘁状态。如果长期处于此状态，项目领导者的活力与热度会非常低落，他们需要得到密切关注，最好寻求医疗帮助。

D级（对应热度状态阶梯层级3~5）：没有力量

D级在项目领导力热度状态阶梯层级中处于及格线之下的三个层级中的中间位置，属于"很缺爱"的报警级别。处在这个分类级别的人，通常表现出没有力量，无法主动和人进行交流，不能或不愿表达自己的真实想法，言不由衷。他们在工作中不敢担责或无法担责，容易过度承诺却无法践诺，甚至不敢做出任何承诺；还会心理懈怠，打不起精神，对一切都提不起兴趣，好像看穿了世间虚妄，索性放弃抗争。若不能及时改变，处于这个层级的人会下降至F级。

在项目管理中，不应给处于此分类级别的人单独分配任何可能影响项目结果的工作。他们只能在其他人的帮助下完成工作，不能成为工作的主要负责人。处于此级别的人必须学会主动寻求他人帮助。他们迫切需要获得爱与关心，只有这样才能重新焕发活力，达到项目成功所需的状态及格线。否则，会产生严重后果。处于这个级别的人可能出现愤怒、报复等消极情绪，还可能下滑至更低的热度状态阶梯层级。

在前面的案例中，面对项目干系人的愤怒和责难，开发团队有苦说不出，委屈万分。开发团队当时就处于这个分类级别中的层级5。在传统项目管理的命令和控制模式中，一线项目团队很容易陷入这种状态，失去主动性和积极性。如果不加以改变，他们就会渐渐变得悲伤与消沉（层级4），进而变得冷漠与无助（层级3），机械地执行各种命令，不再对项目抱有希望和热情，直到最后彻底放弃。

热度状态阶梯层级3：冷漠与无助

"哀莫大于心死"，处于此热度状态阶梯层级的人开始感到无助和绝望，似乎未来没有希望。他们外表显得漠然冷淡，觉得自己是永远得不到帮助的受害者，既没有资源也没有运气；情感似乎渐行渐远，麻木不仁，对各种刺激毫无反应；即使遇到悲伤的事，也哭不出来，像行尸走肉一般。许多所谓"躺平"的状态也可归为此层级。如果长期处于此状态，项目领导者的活力和热度会极低，需要持续关注他们并与之沟通，帮助其重拾工作热情。

热度状态阶梯层级4：悲伤与消沉

处于这个层级的人悲恸失落，情绪低落，沮丧、后悔和消沉，完全没有自信，认为自己没有能力，不相信自己能够单独做好一件事情。他们渐渐习惯于认为自己是一个失败者，容易产生惰怠的情绪，开始逃避现实，开始依赖别人。处于这个层级的人容易陷入悲伤，认为世界是灰暗的，前途是渺茫的，其心胸也日益变得狭隘。处于这个层级的人比处于层级3的要好一些，虽然受到了打击，但是他至少还可以哭出来。很多"啃老"（依赖父母）的状态也可以归到这个层级。如果长时间处于这个层级，项目领导者的活力和热度会变得很低落，需要持续关注他们并与之沟通，使其摆脱负面情绪，振作起来。

热度状态阶梯层级5：恐惧与压抑

处于这个层级的人会变得焦虑、疑神疑鬼。在这些人的眼中，世界充满了各种各样的危险和陷阱。这是用来区分人是否有力量的一个非常重要的热度状态分界线：在层级5以上的人，可以看作有力量的、能够真实表达自己的、能单独承担项目任务的人；处于层级5及以下层级的人，可以看作没有力量的、无法真实表达自己的、只能协助别人完成项目任务的人。对于那些采用命令式和控制式领导力风格的项目领导者而言，"恐惧"曾常被认为是一种极为有效的驱动力，项目领导者通过制造不安全感、恐惧感来获得控制和操纵人们行为的效果。恐惧限制了人格的成长并导致内心压抑，消耗了人们很多力量，让他们无法做自己，无法充分发挥自己的特长和潜能。反过来，项目领导者如果能有效了解并消除人们的不安全感和恐惧感，就能快速建立信任，实现赋能。"懒政""少做少错""不做不错"的情况也可以归到这个层级。任正非说过，在华为，最大的腐败就是惰怠[13]。如果长时间处于这个层级，项目领导者的活力和热度会变得不足，需要持续关注他们并与之沟通，让其找到信仰和内在驱动。

C级（对应热度状态阶梯层级6~8）：负面力量

C级是项目领导力热度状态阶梯层级中处于及格线之下的三个分类级别中最有力量的分类，属于"需要爱"的报警级别。处于这个分类级别的人具备单独完成项目任务并承担责任的能力。但是，由于此分类级别的人低于热度状态及格线，所以这种力量在项目中通常以负面形式出现，造成很多不利影响，如破坏人际关系、无效沟通、损害团队的凝聚力和士气。这些人并没有真正地接纳和尊重自己，因而也无法真正地接纳和尊重他人。他们无法从自己的内心获得爱，反而特别看重别人对他们的评价。他们认为自己的快乐与满足感只能从外部获得；自己的痛苦与失望也源自外部。

在项目管理中，处于这个分类级别的人虽然能够单独完成项目任务，但常以牺牲身体健康为代价。在变化的环境和复杂的人际关系中，他们很难领导项目团队实现成功。因为他们无法与人建立信任，无法调动、激发其他人的士气和潜能。这些项目领导者看似独立，自身需求明确，并且有力量争取自己想要的资源，但仍需要外界的爱、温暖和关心。

由于这个分类级别是从较低的、没有力量的分类级别演化而来的，所以，如果处理不好，项目领导者容易掉入没有力量的分类级别。在案例中，P项目的各级管理者互相指责的状态就属于这个分类级别中的层级7。这种负面力量影响很大，伤害他人，也伤害自己，容易导致项目氛围恶化，让情况变得更差。

热度状态阶梯层级6：上瘾与贪婪

处于这个层级的人过于重视物质、金钱、权利和感官享受，沉迷享乐，忽略心灵的沟通和成长。也许因为得不到自己在意的人的关爱和关注，也许在某些自己很在意的领域达不到预期，他们非常失望，开始沉迷于让自己集中注意力或产生精神依赖的其他东西。

如果能跳出冷漠和内疚的怪圈，并摆脱恐惧的控制，这些人就开始有欲望。有了欲望，就想"得到"；为了"得到"，就必须先具备"想要"的力量。"想要"的力量会驱动人们走向成就的大道。所以我们常把热度状态阶梯层级7的"欲望"看成迈向更高热度状态阶梯层级的重要跳板。需要小心的是，向外寻求的欲望永不会满足，它是一个持续的"能量场"，一种欲望总会被另一种欲望所取代。所以，通常通过欲望层面获得的快乐是一种很"快"的"乐"，无法持久。

仅利用这个热度状态阶梯层级来驱动项目成员的领导者，最后通常会损害团队成员的身体健康，因为当欲望变成上瘾的渴望时，其影响力有时会比生命本身还强大。如果长时间处于这个层级，项目领导者和团队成员的活力和热度会在负面的欲望方向比较强烈，变得对健康和项目价值有害。需要重点关注他们，需要通过给予爱来滋养其内在的充盈感。

热度状态阶梯层级7：愤怒与怨恨

处于这个层级的人容易对他人发火，并产生"憎恨"。只要有欲望，人就容易产生挫折感，接着引发愤怒。愤怒来自未能满足的欲望，挫败感来自重要性被放大了的欲望。愤怒常表现为怨恨和复仇心理，它是易变且危险的。

只要不顺心、不如意，这些人就会产生无理的愤怒，对他人产生报复心理。除了法律赋予的权力，惩罚他人的做法也被归到此层级。歧视别人、过分警惕、产生伤害他人的想法都属于此层级。处于这一层级的人会明显怀有敌意和防备心理。

此外，处于这一层级的人容易嫉妒、挑衅、嗔恨别人，对轻视过度敏感，易怒，好斗。如果长时间处于这个层级，项目领导者会变得偏激，不利于营造良好的团队氛围。需要重点关注他们，通过给予爱来正确引导他们。他们的负面力量很强大，如果引导得好，就能完成项目成果。

热度状态阶梯层级8：骄傲与蔑视

处于这个热度状态阶梯层级的人比较清高、自负、苛刻、傲慢，看不起比自己水平更低的人。他们虽然以自我为中心，但又不接纳自己，对自己不满意，不够尊重和关爱自己，非常渴望获得外部的认可与赞扬，难以接受外部的批评和指责。他们通常自以为是，觉得知悉一切，只信任自己理解的知识，很难接受新事物。

这一状态属于热度状态及格线之下的最高层级。与羞愧、内疚、冷漠、绝望、消沉、恐惧和压抑比起来，此状态好很多，也更有力量。处在这个层级的人通常会因为出色的个人能力、奋斗经历和已经取得的过人成就而得到鼓励和赞扬。由于周围的人大多处于更低层级，因此处于层级8的人通常很骄傲。问题在于，骄傲的人非常脆弱，易受攻击，因为他们非常在乎外界的评价，一旦这些外部评价是负面的，他们很容易跌入更低的层级。骄傲易演变为傲慢，妨碍成长，难以达到热度状态的及格线。

在项目中，技术水平高的专家通常处在这个层级。如果长时间处于这个层级，项目领导者会打压和抑制别人，导致故步自封，不利于为项目成功营造良好的团队氛围。需要重点关注他们，通过给予爱来正确引导，将这种负面力量转变为天赋力量。

B 级（对应热度状态阶梯层级 9~10）：天赋力量

B级是PL5D项目领导力热度模型中最重要的分类，只有处于这个分类级别的人才能充分展现正面力量和天赋，成功达到在巨变时代成功完成项目所需的及格线。这个分类级别只包含两个有标志性意义的层级。层级9代表了巨变时代的项目成员的热度状态及格线；层级10代表了巨变时代项目领导者的热度状态及格线。项目领导者和项目成员如果能够达到对应的及格线，项目就会取得令人满意的交付成果。正是从这个分类级别开始，人们开始真正意义上地爱自己，无条件地接纳自己，尊重自己和他人，从之前分类级别的"需要爱"正式变成"爱自己"，进而变成"成为爱"。

在这个分类级别中，团队成员开始建立信任，能进行良好的沟通，团队的士气和凝聚力变得真正稳固，具备面对挫折、挑战和危机的应变性和适应性。

从这个分类级别开始，人们充满正面力量，即处于正面项目领导力状态。未达到这个分类级别的人，充满负面力量，即处于负面项目领导力状态。在前面的案例中，两位有经验的专家充分得到了A集团和B公司高层领导者的信任和支持，这种状态就属于这个分类级别中的层级10。专家的参与将大家从不安、焦虑的状态中解脱出来，人们的热度状态慢慢提升，敢于说出真实想法，最后重拾项目成功的希望。重拾希望，有了克服困难的力量，这种状态就属于这个分类级别中的层级9。这是项目干系人所需要的能够确保项目成功的热度状态及格线。

热度状态阶梯层级9：勇气与坚韧

处于层级9的人表现出来的状态是永不言弃、拼尽全力，哪怕只有一线希望，也会紧紧抓住，化不可能为可能。从这个层级开始，人们开始真正意义上地爱自己，无条件地接纳自己，尊重自己，充满自信，无所畏惧。

从这个层级开始，人们开始处变不惊，临危不惧，坚韧不拔，面对挫折、挑战和危机，有了足够的应变性和适应性。这一层级的热度状态是人们拓展自我，获得成就和果断决策的根基。在层级9的人眼中，工作和生活是激动人心、充满挑战、新鲜有趣的。

处于这个层级的人有能力把握工作和生活中的各种机会，能轻而易举地跨越别人无法逾越的障碍。他们总是源源不断地输出正能量。低于这个层级的人则不断地从周围汲取能量，很少回馈。这个层级可以看成正负能量的临界点。在这个层级以上，人们变得充满正能量，坚强勇敢，自我赋能，勇于探索，敢于成就，充满毅力和决心。这个层级是巨变时代项目成员做好复杂项目所必须达到的及格线。

热度状态阶梯层级10：信任与可靠

处于层级10的人灵活从容，让人感到有安全感。他们摆脱了二元对立和非黑即白的误区，不带分别心地看待现实中的问题，愿意理解和尊重他人。他们不再恐惧挫败和结果，这是一个有安全感的层级。他们易相处，不争强好胜，不强迫他人，让人感到温暖可靠。他们重视自由，难被控制。他们的自信源自与人交往。

他们深爱自己，做自己喜欢和擅长的事情，因此会有多余的爱流淌出来，无条件地给予周围的人。这就会让周围的人情不自禁地愿意向他们靠近，觉得和他们在一起特别舒服、放松。从这个层级开始，形成了人与人沟通的成功基础，更容易从信息交流提升到情感交流，开始建立长期的信任，团队的士气和凝聚力真正变得稳固，这个层级是巨变时代各级领导者带好团队的及格线。

A级（对应热度状态阶梯层级 11~13）：成就力量

A级是PL5D项目领导力模型中位于天赋力量之上的分类级别。处于这个分类级别的人更主动、更努力，更能调动和提升项目成员的热度状态，项目成员的成长和进步更快，项目团队的战斗力和成就感更强。处于这个分类级别的项目领导者能够领导团队成员一起完成令人惊艳、卓越的工作成果。这个分类级别属于"成就爱"，包含3个热度状态阶梯层级。

层级11的最大特点是主动乐观，全情投入；层级12的最大特点是宽容感恩，平等多元；层级13的最大特点是达到了理性聪慧的最高境界，成为科学、医学或某个细分领域的专家。在前面的案例中，在两位外部专家组织的每月1次的发布回顾中，第一阶段是进行感谢仪式，团队成员自愿感谢这个月对项目有贡献的人。这种做法其实就是引导大家靠近层级12，能有效提升项目成员的热度状态。

热度状态阶梯层级11：主动与乐观

层级11的人心胸开阔，谦虚友善，全情投入，成长迅速，他们具有从逆境中崛起并总结经验的能力，能够快速进行自我纠错。他们通常有与生俱来的强烈自信和自尊，并且这种自信和自尊可通过获得积极的反馈、认可、欣赏和回报而被不断强化，形成良性循环。他们有同理心，能响应他人的需要。他们是开放的，能够正视自己的缺点，并主动学习别人的优点。层级10的人会正常地完成工作任务，而层级11的人通常会超出预期，出色地完成任务。他们全情投入，极力获得最大成功。他们的成长是迅速的，有追求极致的动力和热情。

热度状态阶梯层级12：宽容与感恩

层级12的人能够充分认识到爱和幸福源于内在。他们知道自己才是命运的主宰，因此并不关心对错，而是致力于解决问题，即使工作艰苦也不会感到不适或沮丧。他们更在意长期目标而不是短期目标；自律和自控是其显著的特点。他们在乎平等，宽容、不歧视他人，不会因冲突或异见而与他人两极分化。

热度状态阶梯层级13：聪慧与明智

层级13的人已经达到了理性聪慧的最高境界，他们不断追求知识，创造、建立了完整的知识体系和概念架构，成为科学、医学或某个细分领域的专家，典型标志是获得了令人惊艳的社会成就。这些人通常被称为杰出人才，能够处理大量、复杂的信息、数据和知识，快速做出正确的决定，理解关系、层级和复杂性。在社会中，能到达这个层级的人凤毛麟角。

A+ 级（对应热度状态阶梯层级 14~16）：完美力量

在PL5D项目领导力模型中，这是位于成就力量之上的分类级别。处于这个分类级别的人通常已经超越专业技术的范畴（与产生物质层面的项目交付成果无关），是项目团队的精神力量和心灵导师，例如，开创临终关怀"仁爱之家"项目的特蕾莎修女。这个分类级别属于"充满爱"，包含3个热度状态阶梯层级：层级14的最大特点是仁爱慈祥，动机纯洁；层级15的最大特点是喜悦安详，疗愈众人；层级16的最大特点是达到了幸福宁静、自我实现。在前面的案例中，两位专家引导项目干系人对项目未来的价值和愿景达成共识就属于这个分类级别中的层级14。愿景通常超越物质层面，能激发人们心中的美好期待，能有效凝聚项目干系人，还能极大地提高他们的热度状态。

热度状态阶梯层级14：仁爱与慈祥

层级14的人仁爱、慈祥、动机纯洁，聚焦于生命的美好，献身项目事业，全面、显著地提升项目干系人的热度状态和幸福感，给予旁人无条件的、持久不变的爱。所谓无条件的爱并非通常意义上的爱。通常意义上的爱很容易"戴上"愤怒和依赖的面具，这种爱是有附加条件的，一旦遭遇挫折，马上就能转变成愤恨。这种爱来源于骄傲和控制，不是真的爱。处于层级14的人给予的爱总是美好的，他们有能力提升别人的热度状态，并成就伟业。这是一个让自己和周围人都感到幸福的层级。

热度状态阶梯层级15：喜悦与安详

层级15的人坚持关爱所有人，他的快乐来自每一刻，他享受项目工作的每一分钟，沉浸于项目。对于层级14的人，当他的爱越来越多（趋近无限）时，这种爱开始转变为内在的喜悦。这是在每个当下，从内在而非外在升起的喜悦，并逐渐进入安详的状态。

层级15的人拥有心灵疗愈和在精神上给予极大帮助的能力。这些人的特点是拥有巨大的耐心和对困境保持乐观的态度。这个层级的典型特征是慈悲。层级15的人对他人有显著影响，能带来爱和平静。

在层级15的人眼里，世界充满了美好和创造性。在他们看来稀松平常的行为，却被普通人当成奇迹。处于这个层级的人渴望利用自己的意识状态造福生命，而非特定个人。

热度状态阶梯层级16：幸福与宁静

层级16的人能够自我超越与实现，鼓舞众人，成为典范和榜样。这是历史上所有创立了精神模范、让无数人跟随的伟人的层级，是强大灵感的层级。这些人物的诞生形成了影响全人类的"引力场"。提起这些典范和榜样，所有人都感到无比幸福。

本章开头已经指出，项目领导力热度是PL5D项目领导力模型的核心，项目领导力高度、广度、深度和进度都可以用热度的量化层级来衡量和评估。需要说明的是，项目领导力高度、广度、进度、深度的衡量和评估用到了本章热度模型中F至A+级对应的内容。掌握这些内容可以帮助读者避免走入项目领导力的误区，并了解确保项目成功所需达到的项目领导力状态。

第四章

项目领导力高度：愿景校准力

项目领导力高度（Project Leadership Height，PLH）：愿景校准力，指的是项目领导者在给项目成员建立愿景和使命，指明方向，应对变化和变革时展现的能力。项目领导力高度代表了项目能量聚焦的方向（使命）：是否以及如何能够让项目成员对项目使命感到兴奋，有憧憬，并能及时根据变化调整项目工作。愿景校准力的精髓在于坚持追求愿景，而非仅仅固守项目计划；项目领导者需要根据战略变化及时调整项目工作，积极抓住项目机遇，并带领项目团队取得良好的成果。

项目领导力高度包含两个重要的项目领导力原则：一是"明确战略，紧盯愿景"（对应于易经的乾卦）；二是"迎接改变，竞争卓越"（对应于易经的震卦）。

乾卦是《易经》的第一卦，乾为天，《大象》曰："天行健，君子以自强不息。" 乾卦象征着天空以及阳光的充盈和普照，也象征着事业的开端和方向，为人们提供了美好的愿景和持续的驱动力，鼓励人们持续进行自我提升，坚持愿景和战略方向。在项目管理中，乾卦的概念被应用于确立项目的愿景和战略目标，同时确保各个负责领域（如业务、技术、财务）的领导者共享这个愿景，使他们可以在变化的环境中找到正确的方向和动力。

"明确战略，紧盯愿景"是指项目领导者能够理解并引领团队实现公司的愿景、使命和战略。他们设定并修正项目的愿景和目标，通过有效的沟通使这些愿景和使命转变为团队的追求。在具体的工作中，他们带领团队聚焦于愿景，根据战略变化及时调整项目工作，持续优化自身行为，为客户和项目干系人创造价值。

在A集团的案例中，各级领导者需要高层的协调并就重要事项达成一致。项目团队需要统一思想，确定优先级。职能部门需要进行沟通和交流，以改变考核方法。只有当所有的项目干系人都紧密围绕着愿景和战略进行对焦和调整时，项目才能顺利进行并创造价值。

震卦是《易经》第五十一卦，代表雷霆，象征意外的变化即将发生，考验人们的应变能力。对"迎接改变，竞争卓越"的理解是，面对未知的风险和突发的变化，项目领导者应能克服惊慌失措、恐惧犹豫的心态。他们应通过自我提升，而不是通过打败他人来提升自己。这种态度使他们能够从变动和震惊中寻找机会，最终实现幸福。项目领导者应迎接改变，接受竞争，理解"只有通过不断竞争和自我提升，才能达到卓越"。作为项目领导者，他们肩负着重大的责任。在面对变化时，他们必须拥有良好的心理素质和领导能力，在危急时刻挽救局势，成功摆脱困境。

项目领导力原则 1：明确战略，紧盯愿景（乾卦）

5D项目领导力案例第3篇

"对于按现在的方式开发出来的商业智能分析与决策云系统软件，我无法保证在集团业务中它能正常使用并产生预期效果。"在A集团高层管理者召开的P项目专题研讨会上，分管业务的杜总提高了嗓门，表达了自己内心的不满："现在，市场上已经出现了更强的国外竞争者，如果P项目不能符合我们集团当前业务的实际使用需要，我看P项目也没有继续的必要了吧！"

项目经理小战正做会议记录的手哆嗦了一下，每当P项目出现问题和挑战时，A集团的高层管理者在会议上都会有很大的情绪波动。

A集团P项目的分管技术副总常总皱起了眉头："当初立项时的需求并没有包含现在的功能，如果要增加这些功能，现有的预算肯定不够……"

"要增加预算，那可不行，今年上半年的突发事件太多，我这里没有多余的资金可以用了。"A集团负责财务的佘总赶紧打断了常总。

"我们还是有信心和能力做出A集团打败国外竞争对手所需的功能，只是项目的预算和工期必须得到相应的调整。"B公司的王总立刻表达了自己的立场，眼睛紧紧盯住了一言不发的A集团陈董事长，"我们的项目开发团队已经投入了整整8个月，目前要新增的功能并不是我们之前在合同中约定的，而且团队在做工作分解前也没有考虑这些工作量的投入。陈董事长，这和你8个月前在项目启动会上对我们提出的要求，以及那时和我们B公司签订的P项目委托合同的内容都相差太大了。"

陈董事长终于说话了："今年，国产软件系统的替代是国家战略，是国家行为。P项目必须完成，而且只能成功，不能失败，退一步就是万丈深渊。也许，国外产品的竞争力比我们的强，但是我们必须紧紧咬住，克服困难，质量不能低于或者落后于打败国外竞争对手所需的功能，这是底线。这也是我们发起P项目的根本目的。"

小战回想起前不久接手P项目时前任项目经理向他倒的苦水，在指导项目工作时，A集团的有些领导只关心自己分管的职能，对战略问题并无主动意识，面对战略愿景和目标通常感到无能为力，反应迟钝或不作为；还有些领导则脾气暴躁，会马上把团队找来，直接把自己的意见和想法告诉项目负责人。例如，这个应该这样做，那个应该那样来，在项目团队好不容易花时间做完后，却发现不同领导之间未曾沟通，团队通常做了无用功，士气非常低落。之前，P项目采用的是传统做法，合同签了就做WBS，向下分解工作包和工作量，开始干活，但做完了才发现交付的成果并不是客户想要的。客户改来改去，又超过了合同原来所分解的范围。项目一旦遇到瓶颈和困难，高层管理者之间就会因为分管职能不同而导致各种不满意，甚至彼此责怪。按照前任项目经理描述的，"在这种情况下，大家把脾气发完后就借故走开了，只留下不知所措的项目经理，这对项目进展毫无帮助"。

今天，幸亏两位教练都在场，在开会之前，许博士就已经预见到了这种情况，她提前讲好了规则：高层管理者可以发脾气，可以把内心的不满讲出来，但是在把想法讲出来后，不要走开，要留下来，共同找出解决问题的方法。

在各位高层管理者充分表达了自己的意见和想法后，经由许博士和张博士两位教练的引导，大家开始客观、冷静地讨论。结合陈董事长刚才的发言，在当前的市场环境下，P项目中哪些是不能改变的，哪些是必须实现的，哪些功能是可以在短时间内取得突破的，哪些是可以放到后续的版本逐步完成的……

这次会议的目的就是愿景校准。在这些高层管理者的参与下，以及在许博士、张博士两位教练的有效引导下，大家充分考虑了A集团的愿景，双方高层管理者也就P项目如何在实现国家战略的情况下为A集团创造价值，最终校准了P项目在当前市场快速变化的环境下不可改变的愿景。

项目经理小战暗自叫好，他此时才理解两位教练之前和他说过的话：在巨变时代，首先要明确项目的战略并紧盯愿景，各级管理层必须充分沟通，建立愿景，确认愿景，校准愿景。只有校准好愿景，工作才不会白做。过去，在面对传统项目时，只做工作分解，没有进行价值分解和需求分解，并且没有在整个项目进行的过程中定期与高层管理者进行愿景校准。这样做下去怎么会不出问题呢？

愿景校准先从高层管理者开始，高层管理者在一起应理解彼此立场，紧盯共同愿景。接下来，A集团的PO、项目经理要和团队一起做愿景校准。

在与高层管理者开完会后，项目经理小战马上召集P项目的团队开会，并在两位教练的帮助下一起校准项目愿景。A集团的PO与团队研讨并决议，在B公司P项目的团队工作量不变的前提下，哪些功能应优先开发，哪些功能是次要的，哪些功能是可以取消的，然后重新排序产品待办列表（产品待办列表是团队唯一的工作来源。在工作时，从产品待办列表的最上方开始领取工作。在PO排序时，会将最有价值的需求和工作排在列表的最上方）。

P项目是一个整合系统，有六个分系统（每个分系统对应一大类服务），每个分系统要做到什么程度，才能让整个项目的愿景得以实现，需要团队在会上一起讨论。两位教练让开发团队仔细回顾过去8个月所做的各项功能，并与现在的项目愿景相比，以找到差距。P项目整合的这六大服务各自提供了什么价值，这些价值到底对谁有用，有没有对焦愿景的价值？如果没有，差距在哪里？将每个分系统整合起来，是否可以实现P项目现在的愿景？在两位教练的引导下，大家逐一对项目现有功能和价值进行了深入的分析和讨论。这才发现，很多项目干系人希望实现的价值，实际上无法通过现有的功能来实现。项目的愿景也无法在当前的功能下实现。

在团队校准愿景的过程中，两位教练耐心地听取了团队每位成员的意见和想法，鼓励他们表达自己的苦恼和不满。很多团队成员都提到，在P项目中，由于没有对B公司的年度目标和KPI进行校准，团队虽然很努力，但在P项目中取得的成果并不能对应B公司内部的

KPI要求，这导致团队成员在B公司内部的绩效表现很差。

许博士语重心长地告诉项目经理小战，项目团队在公司里的绩效表现是项目经理应该负责的事情。项目经理小战深以为然，在请示王总后，他会后就与B公司负责绩效的部门负责人进行了沟通，大家一起努力，很快就解决了这个问题。此后，P项目这六个分系统的开发工作除了对A集团有价值，对于B公司，也可以展现每个月具体达成了哪些KPI，B公司开发团队的绩效也终于可与P项目联动了。自从项目团队校准了愿景，除了获得了客户的表扬，在企业内部也获得了认可，团队成员的积极性空前高涨。

项目经理小战深深体会到，在项目进行过程中，如果只有高层管理者校准了愿景，而团队没有，那么项目交付成果不可能令人满意。只有从上到下，愿景得到逐级校准，大家彼此理解，形成共识，才能避免做无用功。而且，愿景校准要在整个项目推进的过程中定期进行，当遇到困难和变更时更要及时进行，只有这样才能以不变应万变。计划赶不上变化，唯有紧盯愿景，不断校准愿景，才是应变的根本之道。

"明确战略，紧盯愿景"的升维思考

在说明对应高度的两个项目领导力原则时，我们会从这个原则对应的具体易经卦象，以及每个卦象对应六个爻所揭示的具体含义上，来阐述在动荡变幻的环境中，应该如何从升维的角度来思考该原则的具体参考建议。

"明确战略，紧盯愿景"对应的是易经第一卦：乾卦。乾卦六个爻的每个爻都在描述龙。龙本是神话中的动物，用它作为象征，不是表示其至高至尊，而是展示它灵活多变的运动状态。这也完全符合当前项目管理面

临的环境特征。如何在动荡变幻的环境中把握项目灵活多变的运行状态，达到敏捷交付价值的卓越效果，是非常值得探讨的。

乾卦的核心含义是"元、亨、利、贞"四字，这四个字非常清晰地对应了项目发展和价值实现的四个阶段。"元、亨、利、贞"四字可以概括项目领导力高度所追随的那个"道"（战略使命愿景）的四种高贵特性[14]：

1. "元"（创新性）：在项目领导力中，"元"可以理解为创新性，这是对项目领导者的要求，需要他具有前瞻性，能引导团队进行创新，并为项目的成功开辟新的可能性。这要求项目领导者在解决问题、开展工作和组织团队时，具有创新意识和创新能力，能够领导团队打破常规，挑战传统，提出和实现新的想法和解决方案。

2. "亨"（通畅性）：在项目领导力中，"亨"可以理解为通畅性，即项目进展的顺利度。一位优秀的项目领导者应能够确保项目的顺利进行，解决项目中可能出现的各种阻碍，使项目能够按计划顺利进行。这需要项目领导者具有良好的决策能力，能够协调团队成员，管理好项目资源，以确保项目的顺利进行。

3. "利"（利益性）：在项目领导力中，"利"可以理解为利益性，即项目的成果是否对干系人有利。项目领导者不仅要确保项目的顺利进行，还要确保项目的结果能够为干系人带来实际的利益。这需要项目领导者有明确的价值观，关注项目的长期影响，同时也能理解并满足干系人的需求。

4. "贞"（持续性）：在项目领导力中，"贞"可以理解为持续性，即项目是否能够持续发展和实现长期目标。这需要项目领导者具有远见，能够规划和执行长期的战略，使项目能够适应环境的变化，得到持续发展，实现其长期目标。

在项目管理中，我们追求的价值和意义（高度）只有在实现了创新性、通畅性、利益性和持续性时，才能找到生命力、希望和前景。然而，这四个特性在许多情况下往往难以同时存在。有的具有创新性，却无法被广泛推广；有的被广泛推广，却未必具有利益性；即使一个项目同时具有创新性、通畅性和利益性，也可能缺乏持续性。也就是说，"元"（创新性）并不一定导致"亨"（通畅性）；即使一个项目同时具有"元"和"亨"，也未必具有"利"（利益性）和"贞"（持续性）。因此，项目领导力高度表现在项目领导者对愿景、使命和战略目标的追求，即必须在这四个方面都做到才算完美。

那么，项目领导者如何才能实现元（创新性）、亨（流通性）、利（利益性）和贞（持续性）呢？在《易经》中，我们可以找到答案："元者，善之长也；亨者，嘉之会也；利者，义之和也；贞者，事之乾也。"也就是说，项目领导者应以"仁"为本，才能引领他人；以礼为准则，才能创造美好的社会环境；以利益为导向，才能实现公正；以持续性为目标，才能成功实现项目目标。这四个原则"元、亨、利、贞"构成了项目领导者的四大德行，也应该是项目领导者在提升领导力时应该追求的目标。

因此，要成为在高度上成功的项目领导者，需要在领导行为中体现四个关键要素：以仁义对待他人，确保结果美好，创造利益，保持持续性。这与项目领导力的其他三个维度（广度、深度、进度）也有密切的联系。

如何在动荡变幻的环境中把握项目灵活多变的运行状态，乾卦的六爻分别给出了非常有价值的建议：

（1）项目启动

→ 初九

"潜龙勿用。"提醒项目团队和项目领导者在项目启动阶段要意识到项目中存在的潜在风险和机会，同时以谨慎和审慎的态度对待风险和机会，并进行充分的评估和规划。在项目刚刚启动时，不显摆、不逞才，这样的态度和行动将有助于项目启动阶段的成功，并为项目的后续发展奠定坚实的基础。

（2）项目规划  九二

"见龙在田，利见大人。"提醒项目团队要敏锐地发现机遇和利益，应该积极沟通，重视项目发起人的指导和智慧，注重细节和全面性。这样的态度和行动将有助于项目规划阶段的成功，并为后续的项目实施奠定坚实的基础。当项目在规划或者在小步快跑、通过迭代取得有价值的短期成果时，应该将成果展现给对项目有重要帮助的项目干系人，这样有利于项目开展。

（3）项目执行  九三

"君子终日乾乾，夕惕若，厉无咎。"提醒项目团队要保持专注，全力以赴推进项目。同时要保持警惕和警觉，随时应对挑战和风险。团队成员应该谨慎行动，避免发生错误。这样的态度和行动将有助于项目执行阶段的成功，并为项目的顺利完成奠定基础。

（4）项目监控  九四

"或跃在渊，无咎。"提醒项目团队要密切关注绩效表现，采取积极主动的行动，勇敢面对项目中的挑战和问题，并及时调整和改进。团队成员应该保持谦虚的态度，接受反馈并及时纠正错误，做到进退自如。这样的态度和行动将有助于项目监控阶段的成功，并确保项目能够按计划不断前进，顺利完成。

（5）项目验收  九五

"飞龙在天，利见大人。"这意味着项目终于迎来了验收的最好时

机，项目取得了巨大的成就，提醒项目团队在项目验收阶段要追求卓越，达到项目执行的最高水平。团队成员应该展现出专业能力和出色的表现，以得到项目干系人的认可和赞赏。这样的态度和行动将有助于项目验收阶段的成功，并为团队和组织赢得更大的声誉和机遇。在这个项目的辉煌时刻，要越发小心，不要过度兴奋，得意忘形，不要忘记谨慎自省。

上九

（6）项目总结

"亢龙有悔。"提醒项目团队在项目总结阶段要保持谦虚和开放的心态，警惕过度自信的态度。团队要避免在项目中出现偏执、激进或极端的情况（应该对此积极反思和改进），从项目中吸取教训，并提出持续改进的建议。这样的态度和行动将有助于项目成功，并为团队的未来项目带来更好的发展。

（7）巨变下的项目领导力风格

和其他卦不同，只有乾卦在六爻之外专门加了一句"用九：见群龙无首，吉。"用九，是指大变的情势。这句话的含义是，在追求美好使命（目标）的过程中，如果遇到大的变动，应该如何应对。这也精辟地指出了巨变时代敏捷项目管理应该追求和达到的领导力状态——仆人式领导。

在大变动的时候，项目领导者不要强居其首，不要强求控制，要让团队中的每个人都能提升自己的状态，而不要被动地依附某个领导者。项目领导者要能调动和发挥每个人的潜能，整个团队以"群龙无首"的方式自组织、自管理，灵活地在变化中创造最大的价值，这才是大吉。

"明确战略，紧盯愿景"的降维打击

如第二章所述，项目领导力的高度、广度、深度、进度这四个维度都可以用热度来衡量，分为：没有力量、负面力量、天赋力量、成就力量和完美力量这五个状态级别。状态级别越高，这个维度的项目领导力就越

强。其中，天赋力量、成就力量和完美力量这三个级别就形成了对没有力量和负面力量这两个级别的降维打击。项目领导者非常有必要分析清楚团队目前的状态和问题，有针对性地采取措施，做到有的放矢，避免项目领导力落入"没有力量"和"负面力量"的状态，至少要维持在"天赋力量"的状态，甚至达到"成就力量"或以上的状态。

（1）没有力量的状态：沮丧（项目领导力状态1）

项目领导者只是依靠"惯性"来发号施令，维持项目运转，对公司战略没有深入理解，认为战略是高层管理者才应关心的，也不积极主动研究应对不确定性环境的策略，以及增强活力的方法。

在情况更严重时，由于战略目标的缺失或变动，项目领导者容易陷入阴沉、麻木、沮丧、低落的情绪中。面对高层管理者提出的战略愿景和目标，他们感到无能为力和被恐惧控制，陷入挫折而不能自拔。这种无力感让项目领导者甘于让外部环境来主宰自己的感觉，通常觉得自己不受重视和不被关心，也不想投入更多的热情和精力，从而导致项目失败。在前面的案例中，在前任项目经理向小战倾诉苦水时提到，A集团的有些高层管理者只关心自己分管的职能领域，对战略、愿景和目标通常感到无能为力。迟钝不作为就属于这种情况。

（2）负面力量的状态：焦躁（项目领导力状态2）

项目领导者虽然明确公司战略，但不擅长用战略和愿景激发团队热情，不擅长根据外部环境和内在条件的变化灵活调整项目策略，也缺乏有条不紊的工作状态来整合必要的资源，导致团队迷失方向。在情况更严重时，他会变得狂躁，想逃离现状，不想独自面对。他会立即找来团队，试图压制内在的单调、无聊、恐惧、迷失感，经常熬夜或者不睡，让自己陷入危机，耗损身体，致使团队焦躁不安，也让项目陷入危险。在前面的案例中，前任项目经理向小战倾诉苦水时提到，A集团的一些高层管理者脾气暴躁，会立即要求团队必须按自己的意见行事，就属于这种情况。

（3）天赋力量的状态：生机勃勃（项目领导力状态3）

项目领导者能根据公司战略和愿景，结合外部环境和内在条件，及时沟通以激励团队，这使团队成员具备自信心和内驱力。项目领导者能积极化解项目的灾难和负面影响，相信团队的力量，重视创新，能通过项目展现创造力和创新力，展现生机勃勃的生命力。他们能够根据外部环境和内在条件的变化灵活调整项目策略，并整合资源，使之具备抵御外部干扰、不屈不挠地实现战略目标的活力，确保项目成功完成，交付客户的成果质量也不断提高。在前面的案例中，两位教练将所有高层管理者聚在一起，积极化解矛盾和对立情绪，并引导大家冷静下来，共同围绕战略愿景客观地讨论并一起找出解决问题的方法，就属于这种情况。

（4）成就力量的状态：温暖（项目领导力状态4）

项目领导者紧盯公司战略和愿景，有清晰的项目策略，并保持战略定力，在项目中合理运用敏捷方法。通过全面展现自我能力，项目领导者自动、自发地向团队注入生命力来鼓舞团队，这种无条件的接纳和温暖，会增强团队的凝聚力和战斗力。他们能够赋能团队，进一步领导团队不断适应变化，更好地整合资源，牢牢把握项目机遇，最终获得令客户惊艳的成果。在前面的案例中，两位教练帮助项目团队建立敏捷管理的规则，让其学习敏捷管理的方法和工具（如产品待办列表等），就属于这种情况。

（5）完美力量的状态：完美（项目领导力状态5）

"天行健，君子以自强不息"，项目领导者毫不妥协地活出了自己的独特性，并取得了巨大的成就，令人情不自禁地想要追随。项目领导者善于把握事物发展的过程和变化规律，奋发进取，顺势而为。项目领导者具有底线思维和终局思维，明确战略目标，紧盯终极目标，以终为始，不忘初心，凡事做最坏的准备，又努力争取最好的结果，防患于未然，牢牢把握主动权。他们始终处于高频的能量状态，充满活力和创新力，他们领导的团队朝气蓬勃，他们像太阳一样，不断展现生命力和创造力。项目领导者善于对自己和团队进行"熵减"，完全释放并主动驾驭潜藏在团队之中的高频能量。他们欣赏每位项目团队成员的优缺点，领导团队走出失序和沮丧，使团队梦想与组织愿景合而为一，和谐地持续创造美好的卓越表现，成为当之无愧的典范和榜样。

项目领导力原则 2：迎接改变，竞争卓越（震卦）

5D项目领导力案例第4篇

A集团高层管理者、财务总监、各PO、关键干系人，以及B公司总经理、项目经理小战和分系统代表一起在A集团总部召开P项目发布审查会议。小战正在报告P项目的进展情况，软件开发已经充分获得了A集团高层管理者的认可和肯定；但由于外部环境变幻莫测，国际局势突变，导致项目所需的硬件采购严重滞后。A集团高层管理者无法容忍在硬件采购方面的延滞，在会议上提出，在许博士和张博士的辅导下，软件开发工作取得了这么大的成效，应该要把硬件采购和整合也纳入许博士和张博士的辅导范围。希望在他们的帮助下，尽快解决硬件采购和整合的问题，让P项目的进度重回正轨。

在与B公司采购部的接口人仔细沟通后，小战发现这根本就是一个不可能完成的任务。由于国际局势恶化，有些重要组件的出口根本无法获得某国政府的批准。因为过去从未遇到这种情况，在规划P项目时根本没有办法事先做相应的风险识别。再加上疫情影响，造成供应链断裂（由于转运不畅，造成港口拥堵，货船无法卸货），很多下游厂商无法如期交货。过去只负责软件开发，这次还需要协调厂商，小战发现需要协调的下游厂商多达十几家，涉及十几个不同产品的采购。通常各下游厂商各自采取行动，各自验收，但是在最后整合时会发现很多问题。

B公司也发现整合有很大困难，加上疫情等外部因素导致的国外供应商无法交货，当前局面似乎已无法控制。突然，公司将这项工作交给项目经理小战负责，要求将硬件采购和整合纳入外部教练的辅导范围，这到底是不是在找替罪羊？小战越想越生气，他压住心中的不安和愤怒，赶紧找到两位教练。

当小战领着惊慌失措的项目团队与两位教练开会之后，两位教练经过分析也发现，这是一个事先无法被预见的风险。如果按照原定计划，P项目即将面临无限期延误。

许博士鼓励大家："越是在这种大变动时，越要保持积极良好的状态，甚至要拿出比过去更强的主动性来面对这种突如其来的重大变化。"张博士也补充道："在巨变时代，这种变化是一种常态，只有主动迎接变化，面对变化，才会找到新的机遇。"两位教练的这番话让小战和项目团队不安的情绪慢慢稳定下来，开始认真分析如何应对这种变化。

根据两位教练提出的建议，小战和项目团队迅速行动起来，做出了以下调整来迎接挑战。

- 重点1。当变化来临时，牢牢记住"紧盯愿景，而不是紧盯计划"。可以对P项目的计划进行调整，但是愿景和向客户传递的价值不能改变。之前，P项目的下游厂商涉及十几个不同产品的采购工作，各自验收，现在发现软硬件进度不一致，最后无法整合。既然B公司的高层管理者同意将硬件部分也纳入外部教练的指导范围，为了确保交付客户的价值不受影响，就由小战和项目团队来协调所有的下游厂商。他们改进了协作流程，根据用户实际需求（用户故事）来制定验收标准和测试案例。各下游厂商如果自认为工作已完成，但未依照测试案例进行测试或未达成用户故事验收标准，则不予验收。这样就改变了下游厂商一盘散沙的局面，所有人都要相互配合，聚焦客户价值且主动做出工作调整。

- 重点2。变化实际上是一个考验团队主观意愿和竞争心态的机会，甚至有助于发现原来根本没有考虑过的方案。在小战和两位教练的带动下，项目团队展现出了难能可贵的品格。小战和项目团队积极联系国内厂商以寻找因受外部环境影响而无法进口的组件的替代件。对于一些重要的项目组件，虽然国内厂商并没有现成的，也不能保证交付质量，但小战和项目团队没有意志消沉，不服输的劲头反而更加高涨。他们先通过筛选来找到最有可能且有意向的国内厂商，再与这些厂商进行充分沟通，用项目愿景来鼓舞并带动厂商和项目团队的几位志愿者一起组成临时工作小组，通过合作来进行开发。果然，工作小组在三个月后成功交付了产品，不仅项目的进度得到了保证，而且所用成本仅仅是原来成本的1/50。

就这样，在变化后的第1次发布之前，P项目已交付的工程、硬件和软件就已经完成整合。到第3次发布时，采购的交货进度居然达到了100%。在面临供应链因疫情影响而崩溃这一事先无法预知和防范的巨大挑战时，P项目不仅没有停滞，还取得了降本增效这一意想不到的巨大成果。在项目汇报会上，在小战展示完阶段成果后，A集团的高层管理者鼓起了掌，双方的满意度都超出了预期。小战会心地看向评委席，两位教练也终于露出了欣慰的笑容……

"迎接改变，竞争卓越"的升维思考

"迎接改变，竞争卓越"对应的是易经第五十一卦：震卦。震卦象征"雷动"，其含义为仿佛巨雷迭连轰响。当巨大的变动出现时，到底对项目是福还是祸，这其实是个未知数，它取决于项目领导者和团队成员面对它的态度。

如果面对它的态度是惶惶不可终日，因忧惧而不能采取有效的防范措施，那就一定是祸；如果面对它的态度是谨慎行事，加倍认真和努力，就能最终消除灾难造成的影响，甚至获得成功且令人喜悦的结果。项目领导者和团队今天做什么或不做什么，并不是一时心血来潮的决定。一个简单的行为，后果却可能很严重。项目领导者应变的原则是防患于未然，这才能使团队高绩效地达成目标。

因此，在面对巨变时，项目领导者和团队如果早有心理准备，警惕谨慎，就能在别人都惶恐畏惧时，镇定自若，不仅不会忘记项目的初心和愿景，而且还能在变动中发现新的价值和意义，最终成就大事。

一些项目领导者和团队因平日松懈，没有敬畏之心，当巨变来临之时就会恐惧不已，手足无措。另一些项目领导者和团队平日谨慎戒惧，提前做好风险预防和管控，当"震雷炸响"时反倒处乱不惊，谈笑风生。

震卦的核心含义为：一是当巨变还未发生时，保持正确的态度，绝不松懈，有心理准备，谨慎预防；二是在巨变发生时，要胸有成竹，临危不惧，坚守乾卦中所提到的初心和愿景，才能利用巨变造成的动荡，转危为机。

震卦如春雷滚滚，冬去春来，万物复苏，生机盎然；象征着只有通过震荡、震动、变革，才会带来新生。无论是自然界的大地震，还是社会的大震荡，只要掌握其由震而定、由乱而治的发展规律，就完全可以采取静观、促变，进而迎接改变、竞争卓越的态度。如何在动荡变幻的环

境中应对项目遇到的巨大变化，震卦的六爻也给出了非常有价值的参考建议。

（1）迎接改变的涵养 ━━━━━━➔ 初九

如同前面提到的，在巨变还没有来临时，项目领导者和团队成员要有正确应对巨变的涵养：当危难来临之前，平日戒慎自省，做事不掉以轻心，随时做好应变的准备；当危难来临之时，有敬畏之心，认识到"变革"产生的必然性，唯有掌握了变化的规律，才能够镇定自若、泰然以对。

（2）迎接改变的心态 ━━━━━━➔ 六二

当巨变来临之时，一定会有物质方面的损失，此时，项目领导者不应滋生恐惧和焦虑的情绪，要正确看待，不要为已经发生的损失耿耿于怀，浪费时间和精力。应着眼于未来，一方面远离巨变可能造成的伤害，另一方面要冷静思考，回到正确的前进方向上。这样才能从巨变中找到保全和转变的机会。

（3）迎接改变的作为 ━━━━━━➔ 六三

当项目巨变骤至之时，虽然免不了忧虑和不安，但只要项目领导者加强警戒，谨慎行事、认真反省，就不会有大的损失，可以避免灾祸。

（4）迎接改变的禁忌 ━━━━━━➔ 九四

当应对巨变时，项目领导者绝不能无所作为。在项目进行过程中，最忌讳没有足够的思想准备和应变能力，而陷入以下状态：当遇到"雷声震动" 时，就丧失力量，惊慌失措，动弹不得，左右失据，进退两难，仿佛掉入泥潭无法自拔。

（5）迎接改变的方针 ——→ 六五

当巨变来临之时，项目领导者既要小心谨慎，又要积极进取，不要忘记发起项目时的初心和愿景，恪守中道，以不变应万变。此时，既不要有不切实际的想法，也不要忘了发心和初心，使损失最小，这才是应对巨变的方针。

（6）迎接改变的参考 ——→ 上六

当巨变发生时，即便尚未波及自身而仅涉及周边的项目或竞争对手的项目，也应该以它们作为教训和参考，及时借鉴和总结。这意味着，在巨变时，不仅需要考虑自身所受的影响，还应看到其他项目因巨变而产生的后果，避免波及自身，影响项目的健康发展。

"迎接改变，竞争卓越"的降维打击

在面对无法预见的风险和突如其来的变化时，项目领导者应能够摆脱害怕和焦虑的低频能量状态，不会充满敌意地通过竞争来推倒别人以提升自己。项目领导者迎接竞争，拥抱竞争，意识到要在竞争中发展，通过竞争不断提升才能成就卓越。项目领导者应倡导将竞争精神带入创造性的服务，通过克服不舒适的感觉，唤醒自我，提升自我。项目领导者要超越竞争，主动激发团队的活力，充分吸收和转换冲击带来的影响，从后文描述的"没有力量"和"负面力量"，提升到能展现自己天生才华的"天赋力量"或更高的项目领导力状态，才能够领导团队精确把握客户的需求，呈现更好的项目成果和客户体验。

（1）没有力量的状态：畏缩（项目领导力状态6）

项目领导者面对无法预见的事件和突如其来的变化有深深的不安全感，心惊胆战，感到紧张和压力。他们恐惧竞争，在竞争中不能主动地做好准备，也没有得力的举措，使团队在竞争中处于被动，对项目渐渐失去希望。项目领导者显现出懦弱，变得抑郁和畏缩，无法适应变化并领导团队交付成果，导致项目失败。

在前面的案例中，当项目经理小战面对高层领导者要求整合软硬件厂商这个变化时，他意识到由于疫情的不可抗力导致供应链崩溃，他极为震惊，不知所措，就属于这种情况。

（2）负面力量的状态：敌对（项目领导力状态7）

在竞争中，项目领导者不善于正确处理客户、竞争者、合作伙伴之间的关系，将竞争者视为"敌人"。面对无法预见的事件和各种未知的变化，他们缺乏信心，感到焦虑；对项目干系人缺乏必要的尊重和理解；容易因愤怒而对他人表现出敌意，挑起争端；通过竞争来击败他人以提升自己。此时，团队中弥漫着敌对情绪，人们迷失了"竞争"的正确方向和策略，从而陷入恶性竞争，最后两败俱伤，导致项目陷入危险。在前面的案例中，当公司无法应对巨大变化而找替罪羊时，项目经理小战感到愤怒，就属于这种情况。

（3）天赋力量的状态：主动（项目领导力状态8）

在竞争中，项目领导者不再注重与别人竞争，而是与自己竞争；不屈服于压力和冲击，有足够的信心面对竞争、变化和不确定性。他们主动迎接外部挑战，开始将自己的焦虑转移到一些具有创造性的事项里，将竞争精神带入创造性的服务，敢于追随独立的创意，跳出舒适区，通过克服不适感来唤醒自我，全身心投入，提升自我。项目领导者领导团队不是靠打倒竞争者来提升自己，而是将他人当作镜子，反省自己的优缺点，采取各种方法，有效提高团队的参与感、成就感和满足感，提升团队凝聚力、驱动力、竞争力。因此，项目领导者带领团队交付客户的成果质量也得到不断提高。在前面的案例中，两位教练鼓励大家越是遇到大的变动，越要保持良好的状态，只有主动迎接变化，面对变化，才能找到希望，就属于这种情况。

（4）成就力量的状态：觉悟（项目领导力状态9）

项目领导者真正"觉悟"，迎接竞争，拥抱竞争，在激烈的竞争中，镇定、从容地坚守正确方向。通过不断"碰撞"，积累经验，适应变化，乘势而上，实现团队能力的飞跃，具备克服一切障碍的能力。在团队成员的相互"碰撞"中，项目领导者让一切都变得简单且清晰，让团队成员从震惊和昏睡中觉醒，从而发生改变。这样的项目领导者充分运用和发挥敏捷方法，能够打造积极、热情的"敏捷团队"，这是一个自发的进化过程。

觉悟后总会带来惊喜。觉悟后，项目领导者要引导团队成员体会彼此能力的互补，清楚如何自组织、自管理、不断精进，乐于迎接改变与挑战。项目领导者这样领导团队，能够创造出大大超出客户预期的、惊艳的成果。在前面的案例中，小战和项目团队在教练的指导和帮助下，改进了协作流程，转变了下游厂商一盘散沙的局面，让所有干系人都能相互配合，并联合国内替代厂商组成临时敏捷团队，最后竟然在保证交付质量和进度的基础上，将花费的成本降到原来成本的1/50。

（5）完美力量的状态：颠覆（项目领导力状态10）

在巨变面前，项目领导者的表现极具勇气和个性，泰然处之，能够引导团队成员争相效仿。项目领导者超越竞争，领导团队成员互相促进，互相激励，发掘自身天赋才华的优势，精确把握客户需求。在奋斗过程中他们能明确发展方向，做与众不同的事情；项目领导者使团队成员充满激情和动力，自觉"熵减"，以专注、极致和创新的精神，形成巨大合力。这是项目领导力发展过程中具有颠覆性的阶段，他们在竞争环境中展示了完美的革新和反超的典范。

第五章

项目领导力广度：信任统合力

项目领导力广度（Project Leader Width，PLW）：信任统合力，指的是项目领导者在面对广大项目干系人，如何统合对立，建立信任，以及如何柔和引导，团结并凝聚人心方面的能力展现。项目领导力广度的原则是团结和调动尽可能多的、有利于项目成功的项目干系人，在其中创建有利于快速交付价值的良好人际关系和氛围，并且合理地整合广大项目干系人的力量，化被动为主动，柔和地引导（运用）而不是压抑（对抗）项目干系人的力量。

项目领导力广度包含两个重要的项目领导力原则：一是"统合对立，建立信任"（对应易经的坤卦）；二是"柔和引导，如沐春风"（对应易经的巽卦）。

坤卦是《易经》中的第二卦，象征着包容和接纳，柔软和顺从。统合对立并建立信任是管理项目干系人的基础。通过项目执行的透明化，来建立与干系人的信任关系。信任就像项目团队的心脏，所有能量都会流过它。通过透明化和建立信任来与干系人进行充分的沟通，实现真正的绩效。

项目领导者应准确、全面地识别干系人，根据干系人的性质和特点对其进行合理分类，分析并评估不同类别干系人的共同关注点和利益冲突，改变人际关系中的隔离和猜疑。通过"统合对立，建立信任"来与干系人合作，深入管理不同类别的干系人，观察项目执行过程中的状态变化，及时处理突发事件，建立开放、互联、互惠互利、民主自由的项目环境，以确保项目的成功。

在项目执行过程中，客户需求会持续变化。如果无法让内外部干系人有效参与，会大大增加沟通与交易的成本，事倍功半，严重影响干系人的情绪，导致项目失败和士气低落。随着项目领导者的管理层级与职位的提高，公司对其创造价值的要求与建立信任的能力的期待也会越来越高。

综上所述，坤卦的"柔顺"精神在项目管理中具有重要意义。通过柔顺的方式来统合对立，建立信任，管理项目干系人，项目领导者能够有效应对变化和冲突，确保项目的成功。建立信任关系是项目管理中不可或缺的因素，能够为项目带来稳定的团队合作和有效的沟通。项目领导者应以坤卦的柔顺为准则，以开放的心态与客户和团队建立信任关系，并通过透明化的项目执行和良好的沟通机制来满足不断变化的需求，促进项目的顺利进行，从而创造良好的团队氛围和项目成果。

巽卦是《易经》中的第五十七卦，象征着风。风无形无色，无所不入，善于渗透，几乎没有障碍能够阻挡它。风行之处，无往不胜，号令所至，凭借德行感召人心，顺应民意，人们无不顺从。巽卦强调的是，通过潜移默化的力量和以德服人的方式在精神层面引导并影响人们。

"柔和引导，如沐春风"意味着项目领导者具有足够的爱心和耐心，以柔和的方式引导项目干系人自觉地为共同目标做出贡献。他们遵循"礼贤下士"的原则，不再以命令和控制的方式处事，而是提供一个自由表达、和谐相处的团队环境，激发团队成员的潜能，凝聚团队的向心力，从而创造出令人惊艳的成果。

项目领导者对现实和未来有清晰的认知，通过柔和的方式与外部世界和谐互动，深入事物的本质。他们放下过去依赖地位及权力的命令和控制的方式，顺应事物的自然规律，形成谦逊之风。在项目中，他们提前进行周详的策划，并在事后进行反思和总结。团队就如同沐浴在春风中一般，心甘情愿地朝着项目领导者期望的方向前进，大家共同参与项目的工作，形成整体的力量。通过周详的策划和团队的共同努力，他们能够创造令人惊艳的成果，营造协调有序的团队氛围。

项目领导力原则 3：统合对立，建立信任（坤卦）

5D项目领导力案例第5篇

小战又遇到了新问题：P项目团队打算引进更好的项目管理软件，该项目管理软件一旦选用后，在未来，也将在A集团的其他项目中推广。

A集团高层管理者胡总（CTO），负责全公司的信息系统和技术管理。胡总向小战推荐了自己熟悉的关系较好的供应商，希望B公司能选择该供应商的软件。结果，在挑选项目管理软件时，小战发现胡总推荐的公司的产品，价格贵又缺少所需的功能。而对于其他有较强实力的供应商，由于与胡总不熟悉，根本得不到进一步沟通的机会。

在开过两次协调会后，小战就明白了，胡总强烈希望选择自己认识的供应商，可是这样做显然会影响项目结果。

作为B公司的项目经理，小战无法干涉A集团胡总的失职行为。根据小战从侧面了解的情况，A集团胡总因为有背景，所以有恃无恐。胡总还担心自己分管的、具有绝对权威的领域会因为P项目引入的项目管理软件而受到影响，所以胡总在这件事情上显得比较傲慢、固执，较难沟通。小战自认为占理，想用事实和数据说话，便拿着测评报告试图说服胡总，结果去了好几次都碰了壁。

小战在寻求两位教练的帮助时，显得既迷惑又沮丧："面对这种情况，我能有什么办法啊？A集团的高层管理者我也惹不起啊！"

"如果P项目迟迟无法用上合适的项目管理软件会有什么影响呢？"张博士问道。

"P项目的进度和项目管理的效率就会大受影响啊！"小战越说越生气，"跟胡总推荐的软件公司沟通了好几次。软件价格昂贵不说，还一直无法实现工作包的资源和费用统计功能。我们找的另一款软件不仅能实现所有功能，价格也便宜很多。可是，A集团的胡总和相关接口人连对方的面都不肯见。眼看进度不断延误，项目团队都着急了。他们这样做太过分了。实在不行，我就直接找A集团的陈董事长，让他评评理，简直无法无天了。"

"之前我们已经校准了P项目的愿景，接下来为了取得圆满的项目结果，必须识别和整合有利于项目成功的各类项目干系人，统合各种对立，和他们建立信任。"许博士安慰愤愤不平的小战，"不要着急，之前在开项目动员会时，A集团所有的高层管理者都到场了，只要我们有耐心，有信心，所有活动都以价值和体验作为衡量战略有效性的唯一标准，就一定能够统一所有的对立。"

张博士接着补充："对于信任，最重要的是加深彼此的理解，深入理解对方的焦虑和不安。对于项目的工作结果，我们应表现出追求卓越、不断创新的积极态度。但是对于项目干系人，一定要有耐心和温暖。这需要创造场合或机会，面对面地与项目干系人进行沟通和交流。明天是周三，正好要与A集团高层管理者进行例行的P项目协调会，我和你一起邀请胡总参加，顺便和他一起商量一下P项目供应商的选择标准和原则。"

因为A集团陈董事长非常信任两位教练，加上胡总听过两位教练的精彩课程，看到张博士带着小战亲自登门拜访，他也非常客气。双方以诚相待，在充分沟通后，张博士也了解到，P项目引入项目管理软件的采购金额比较大，涉及的端口和要安装的设备也比较多，加上后续还有很多深度定制和开发的工作，因此胡总非常希望慎重选择，以免增加后续的管理成本。张博士也把A集团对P项目的愿景和期望及通过采购项目管理软件能够带来的价值和效果与胡总做了确认。双方紧盯愿景，互相理解，达成了P项目供应商的选择标准和原则。

在这次和胡总的深入沟通中，小战受到了很多启发。在如何统一不同项目干系人之间的对立，改善互相猜疑的人际关系上有了新的想法。在动荡的项目环境中，需要尽快和各方项目干系人建立信任，既能接纳和满足项目干系人的独特需求，又能彼此合作，与项目干系人建立和谐的关系，由此来统合彼此之间因为立场不同而造成的对立。

为引入竞争机制，小战采取和胡总沟通的相同方式，真诚地与外部各供应商面谈，并说服了一家能力强但无法入围的供应商破例免费提供项目管理软件的试用版本与部分端口，供项目团队试用。此举迫使胡总熟悉的供应商也不得不同意免费试用。

根据项目团队的实际使用体验和效果，在试用一段时间后再根据哪款软件能真正满足项目需求并创造最大价值来选择最终的供应商，实现客观公正。最后，胡总也打消了顾虑，表示支持。

在教练的帮助下，项目经理与各方项目干系人面对面沟通，以诚相待，最终，领导团队和其他干系人统一了所有对立，建立了信任。项目干系人彼此尊重、接纳，取长补短，形成了统一的整体和有战斗力的组织。在项目干系人之间也建立了和谐的氛围，人们都相互信任。

通过一段时间的试用，最后选择了合适的软件供应商。项目管理软件的实施效果也大大超出了A集团的预期，所有干系人都非常满意。

"统合对立，建立信任"的升维思考

在说明对应广度的两个项目领导力原则时，我们会从这个原则对应的

具休易经卦象，以及每个卦象对应六个爻所揭示的具体含义，来阐述在动荡的环境中，应该如何从升维的角度思考该原则的具体参考建议。

如何在动荡变幻的环境中统合各种对立，化敌为友，与各方项目干系人建立信任，坤卦六爻给出了非常有价值的参考建议。

（1）建立信任的警觉 ⟶ 初六

在立项初期，项目领导者应营造项目干系人相互信任的氛围，并且能防微杜渐，防患于未然。项目干系人之间的任何负面反应都需要重视；若有小的误会和负面情绪没有得到及时沟通和处理，必然会自然延续，终至完全难以破冰。

（2）建立信任的品格 ⟶ 六二

坤道的柔和，并不等于没有人格和道义。相反，要赢得项目干系人的信任，更需要内心正直，外在端方，懂得尊重和道义，加上良好品行和大气格局，就会无往不利，行为也不会让人怀疑。

（3）建立信任的智慧 ⟶ 六三

忍耐为上。要有忍耐的智慧，蕴含美德而不显露在外，助人不居功，不争名夺利。小不忍则乱大谋，耐心等待时机。

（4）建立信任的技巧 ⟶ 六四

谨言慎行，不显山不露水，既不争名夺利，也不指责他人。

（5）建立信任的典范 ⟶ 六五

身居正位、中正和气、通情达理、众人归顺、硕果累累。通过柔性管理，与项目干系人的沟通畅通无阻，融洽和谐，项目蒸蒸日上，事业顺利发达。

（6）建立信任的大忌 ⸻⟶ 上六

建立信任的大忌是事事都想称霸为主，与人斗争，结果必定不佳。关系紧张对立已不宜，甚至可能两败俱伤，后果极惨。

"统合对立，建立信任"的降维打击

项目领导者应顺应组织制定的价值观、愿景、使命和战略，统合各方力量，构建和谐统一的架构和基础，形成项目团队的整体执行力、战斗力和竞争力，并时刻检验项目团队是否校准项目愿景以及保持战略有效性。"地势坤，君子以厚德载物"，项目领导者能够通过接纳，引导团队营造一个和谐统一的项目氛围，将看似不相关的人与事物连接在一起形成和谐、整体的力量。改变项目中因为迷惑和失去方向而导致的错位及混乱的关系，相信万物的存在必有其目的，能够统一所有的对立，改变孤立、分裂和彼此猜疑的人际关系，在彼此之间建立信任和合作，建立一个没有隔离疏远、自私自利和强迫控制的项目环境，形成"团队是一个整体"的共鸣。

为了精准地实施"统合对立，建立信任"这一项目领导力广度的要点，非常有必要分析清楚团队目前的状态，有针对性地采取措施，做到有的放矢，避免项目领导力落入"没有力量"和"负面力量"的状态，至少要维持"天赋能量"的状态，甚至达到"成就力量"状态。

（1）没有力量的状态：迷茫（项目领导力状态11）

项目领导者对提升自身的执行力、战斗力和竞争力持消极态度，任由其自然。项目领导者无视战略环境与方向，固执己见，使得项目的活动与组织战略渐行渐远。这种做法导致项目团队和其他干系人渐渐失去目标和方向，无力应对困难，逐渐放弃挣扎。项目团队失去活力和动力，只能在既定流程与不断变化的项目环境中挣扎求生。

由于项目领导者的战略执行力低下，导致项目成功率不高。在项目干系人中弥漫着沮丧和困惑，有一种"我们正向糟糕发展"的集体恐惧。这种巨大的阴影笼罩在项目干系人之上，导致项目干系人之间无法建立信任，有效沟通变得困难。他们逐渐陷入隔离、孤立和无助的境地，被恐惧和迷惑所困，情绪转向冷漠与绝望，自责心态日益严重。信心和力量如潮水般迅速消退，最终导致项目的失败。

在前面的案例中，B公司项目经理小战，在遇到A集团胡总有恃无恐地给P项目指定又贵又缺少对应功能的项目管理软件时，感到非常沮丧，他惧怕得罪高层管理者，这种无能为力的感觉就属于没有力量的情况。

（2）负面力量的状态：强制（项目领导力状态12）

项目领导者意识到项目团队和其他干系人互相信任，理解形成战略执行力、战斗力和竞争力的重要性，但缺乏明确的方法和途径，盲目地耗费大量人力物力。同时，项目领导者不善于抓住关键，未能顺应战略（将提升客户的价值和体验作为衡量战略有效性的核心标准），未能在提高团队文化底蕴和建立项目干系人信任上下功夫，也未能时刻自觉反省与改进，所以收效甚微，不尽如人意。

项目领导者易产生急躁情绪（欲速则不达），企图通过强制性的管制和约束来获得项目干系人的战略执行力。这种行为源自项目领导者深层的愤怒，想要控制和约束项目干系人的一切。此举无法让项目干系人的内心与行动同步。当项目领导者不着力调动项目干系人内在的积极因素，以形成信任、团结、和谐、奋进的文化氛围时，即使采取各种行动，也始终无法将项目干系人凝聚起来并取得期待的结果，致使项目陷入危险。

在前面的案例中，小战试图强行说服胡总接受他的意见，在发现效果不理想之后，他和团队就变得非常急躁，就属于这种情况。

（3）天赋力量的状态：统一（项目领导力状态13）

项目领导者坚持把团队和其他干系人的活动与正确的战略保持一致，将提升客户的价值和体验作为衡量战略有效性的核心标准。于是，项目干系人在意识和行为上都产生了转变，不再感到迷惑。项目领导者在项目干系人周围创造了一个"引力场"，能够统一所有的对立，改善猜疑的人际关系。既能接纳项目干系人的独特性，又能实现彼此合作，从而与项目干系人建立和谐关系。项目领导者重视构建整个项目的文化氛围，逐步在项目干系人之间建立信任、团结、和谐的关系，形成坚定执着、胸襟阔达、厚道正直的品德，使项目的战略执行力、战斗力和竞争力有了坚实的基础。

在项目领导者的带领下，项目团队呈现出实现战略的自信和能力。项目领导者具有强烈的风险意识，领导项目团队自觉反省与持续改进，具有挡掉外部干扰与实现战略目标的不屈不挠的战斗力，因而项目团队交付客户的成果质量也得到不断提高。

在前面的案例中，两位教练指导项目经理小战把聚焦战略和提升客户体验作为核心标准，积极调整自己的情绪状态，亲自拜访，以诚相待，面对面地深入沟通，最终统一了所有对立，建立了信任，所有干系人彼此合作并持续改进，就属于这种情况。

（4）成就力量的状态：信赖（项目领导力状态14）

项目领导者善于在新形势下恰当运用敏捷方法，成功实现组织战略。项目领导者带领团队和其他干系人在统一所有对立后，建立了深度的信赖关系。使项目干系人彼此尊重与接纳，取长补短，形成一个统一的整体以及一个有凝聚力和战斗力的组织。项目领导者在项目干系人之间建立的和谐氛围，像磁铁一样吸引客户和其他干系人，赢得他们的充分信任，走向共同合作与发展，最终完成令客户惊艳的成果。

在前面的案例中，在建立信赖关系之后，小战通过与外部供应商进行面对面的诚恳沟通，说服了供应商。供应商打破惯例，免费提供了项目管理软件的试用版本和部分端口以供项目团队试用。小战最终为项目选择了合适的软件供应商，软件的实施效果也大大超出预期，就属于这种情况。

（5）完美力量的状态：共鸣（项目领导力状态15）

"地势坤，君子以厚德载物"，项目领导者在实现战略的层面，善于将战略思维与项目实践相结合，实现完美的共鸣。项目领导者始终不忘初心，永远把实现客户价值，尊重客户体验和获得感置于首位，而且能有效地凝聚项目团队和其他干系人，以超越自我的精神为实现项目目标奋斗。项目领导者有一种将所有似乎不相关的人与事物连接在一起使之整体如一的伟大力量，建立了一个没有隔离疏远、自私自利和强迫控制的项目环境，为每个人创造出更多的能量。

项目领导者让每个人在充分发挥自己才华的同时，也在整体合作中展现出更独特影响力。在巨变时代，项目领导者不断尝试运用更佳的工具、方法与手段，使自己和团队保持高效状态。在成功完成项目后，项目领导者保持清醒，不自我满足，具有强烈风险意识，自觉反思与持续改进，永远坚守正道与厚德载物。带领项目干系人实现项目文化、团队能力、组织结构的整体一致，克服各种困难与险阻，创造一个又一个项目奇迹，成为当之无愧的典范与榜样。

项目领导力原则 4：柔和引导，如沐春风（巽卦）

5D项目领导力案例第6篇

"怎么这么早又醒了。"小任睁开眼，看看时钟，现在刚凌晨5点，焦虑和不安的情绪不知不觉又涌上心头。作为刚刚被提拔的B公司研发主管，小任已经在相当长的一段时间里处于失眠状态了。

　　两个月前，他由B公司的助理研发主管提升为研发主管。在工作过程中他发现，处理烦琐的行政工作并不是他的强项。以前，作为助理，准备资料、研究问题、提出建议对他来说都是得心应手的，真的遇到问题只要请示一下领导者就行了。在升任研发主管后，虽然公司专门为他安排了培训课程，但他还是不擅长行政工作和决策。之前，公司还让他兼任P项目的技术负责人，这对小任而言是很大的挑战了，因为他从未担任过整合工程、云平台硬件、软件开发的技术负责人，而且相对于以往项目，P项目的规模大得多。

　　P项目的开发和客户的不满，已经让小任的压力很大了，再加上升任研发主管后，行政工作占据了他大部分的时间，使他无法很好地兼顾P项目。面对复杂环境的变化和各方的质疑，小任越来越焦虑，感觉自己快被压垮了。

　　这段时间以来，小任一直在想是否应该辞掉P项目技术负责人的职务，甚至辞掉B公司研发主管的职务，或者离开B公司？因为他近一个月的睡眠质量很差，每天都因压力和沮丧无法入睡。由于睡眠差，事情就更做不好，形成恶性循环。所以，今天上午他找到项目经理小战，表示自己的压力太大，无法继续担任P项目的技术负责人。

　　没有想到小战告诉他，在担任P项目的项目经理后，小战也一度因为压力大而失眠和焦虑。在求教于许博士和张博士之后，这一问题很快就被解决了。"要不，你也先请两位博士帮忙，看看效果之后再做决定也不迟。"目前，P项目正处在攻关克难的关键阶段，如果技术负责人的状态在此时出了问题，项目进度一定会大受影响。

　　小战带小任见了两位教练。小任本来担心深受领导信任的两位教练都是大忙人，会对自己因焦虑而失眠的事情很不耐烦。没想到，许博士面带微笑地告诉他，自己过去就带领过研发团队，还亲自编程，非常理解开发人员的压力。张博士也曾遭受失眠的困扰，他总结了一个特别管用的方法：每天早上起来坚持做一个简单的仪式，先连续做7天试试。

"真的有这么神奇吗？"小任回想起张博士根治失眠的"妙计"：早上起来睁开眼睛后干的第一件事情就是感恩和微笑，感恩上苍让自己和家人健康平安。然后，站在家里的落地窗前，张开双手，面对太阳，感受太阳的力量进入身体，在心中祝愿项目能够战胜困难，取得胜利。

两位教练和蔼、镇定的态度，让小任不安的心情稍稍平静了一些。但是，当天下午发生的事情，又破坏了小任的情绪。由于技术开发方面的问题，最近P项目的客户满意度不太高。A集团高层管理者向B公司王总抱怨，王总很生气，立刻要求P项目的项目经理小战及其技术负责人小任次日下午做专题研讨汇报，还特别强调刚刚提拔的小任必须发言。上午见过两位教练后好不容易才重新看到一些希望的小任，当晚，不出意料地又没有睡好。

小任拉开窗帘，正打算实践一下张博士的方法，然而窗外哗啦啦的雨声让他又愣住了："完了，今天没有太阳。这可怎么办？"

这时，小任想起了张博士补充的话："金一南教授说过，战胜对手需要两次，第一次在内心里，第二次在现实中。"

面对大雨，小任还是伸开了双手，心中喃喃自语："项目一定能够战胜困难，取得胜利……"

次日上午，在准备下午向王总汇报的材料时，小任的心情又开始低落，他觉得项目进行到现在，虽然自己与团队都很努力，但A集团的各层级主管和基层员工都不满意，自己作为技术负责人难辞其咎，所以王总特别要求自己今天下午发言。P项目表现不佳，让B公司难堪，小任深深地陷入自责和内疚之中，感觉无法再继续工作下去了。

正巧两位教练来B公司，顺道看望小任。小任忍不住把自己的忧虑全都说了出来，说自己几乎无法工作。小任激动地说："我实在受不了整天担惊受怕了，干脆今天下午向王总汇报时，我引咎辞职不就解决问题了吗？"

许博士耐心地听小任说完，引导他说出自己当下最沮丧、最影响工作的因素是什么。

"手上的事情太多、太乱了。"小任脱口而出，"而且很多事要和人打交道，我觉得自己的沟通能力不行。"

许博士进一步问："那么，前不久公司提拔你做研发主管的原因是什么呢？"

张博士补充说："项目经理小战跟我说，是因为在你之前做的几个项目中，你表现出了非常出色的沟通能力。为了能够更好地推进项目，公司特地提拔你为研发主管，让你发挥协调和整合的作用。"

小任愣住了，公司提拔他的原因好像是这样的。沟通能力并不是自己的弱点。那为什么原来的强项变成了现在的弱项呢？

许博士微笑地引导小任："不要着急，我们来分析一下你工作太多精力不够的原因。你可以先把工作清单列出来给我们看一下。"

在两位教练的指导下，小任发现由于经验不足，时间分配不够合理，自己一直在忙紧急的工作，而忽略了重要的工作。

有两位教练帮忙排序工作，小任渐渐没那么紧张了。

小任还请两位教练帮忙指点下午要汇报的PPT。许博士看后笑着说："我知道问题出在哪里了，你还是站在开发人员的角度，而你今天下午汇报的对象是王总。如果按这样的写法，王总一定不会满意的。"

张博士接着引导小任："如果你是王总，你最想知道什么？"

在两位教练循序渐进地引导下，小任慢慢找到了思考问题的正确思路和角度……

有了两位教练的帮助，小任不仅重新做了一版令王总基本满意的汇报材料，还发现了自己的优点。通过下午的汇报，小任得到了大家的肯定和认可，重新找回了自信。

三个月后，B公司的开发团队交付了符合A集团各层级主管和基层员工期望的满意成果。小任也比以往更有信心了，在项目中采用敏捷思维，形成了"紧盯愿景""仆人式领导"和"自组织"的系列方法。P项目的进展顺利，小任的各项工作也更顺手了。

"柔和引导，如沐春风"的升维思考

巽卦象征着风，风能够适应不同的环境和变化。项目领导者应具备灵活性和应变能力，能够迅速应对项目中出现的变化和挑战，及时调整项目计划和资源分配，以维持项目的顺利进行。

项目领导者应以柔和的态度进行沟通，倾听团队成员的意见和想法，并尊重他们的观点。通过与团队成员进行和谐的交流，营造良好的沟通氛围，促进信息的流动和团队的协作。巽卦的柔和引导能够激发团队成员的潜能和创造力。项目领导者应用爱心和耐心引导团队，赋予他们信心和动

力，让每个人都能够充分发挥自己的才能和贡献，共同为项目的成功而努力。巽卦强调通过德行和道德的力量来影响他人。

项目领导者应以榜样的力量和高尚的行为来影响团队成员和干系人，树立良好的形象，以此建立团队的凝聚力和信任关系。巽卦（谦逊之风）提醒项目领导者要保持谦虚的态度，不断反思和检讨自己的工作，不断学习和进步。他们应对项目的风险和挑战持谨慎的态度，能够预见问题并采取相应的措施。

如何在动荡变幻的环境中巧妙地避开阻力，柔和引导，巽卦六爻给出了非常有价值的参考建议。

（1）柔和引导的前提 —————→ 初六

项目领导者具有勇敢、刚健的气魄和毫不迟疑的前进脚步。柔和绝不是犹豫不决和迟疑不定，如果考虑再三，进退不定，就会耽误项目进程。所以，当柔和引导时，内心应具有果断的勇气和坚定的决心。

（2）柔和引导的底气 —————→ 九二

项目领导者柔和引导，必须放下身段，深入学习，熟悉底层和过去的所有细节，不怕麻烦，认真全面地做好地毯式的学习和调研，全面吸收新领域的知识和智慧，掌握该掌握的，为柔和引导打下扎实基础，这才能有柔和引导的底气。

（3）柔和引导的瓶颈 —————→ 九三

如果柔和引导了半天没有进展，项目领导者很容易失去耐心，开始焦躁不安的。遭遇瓶颈，在学习曲线上是很正常的，是需要耐得住寂寞再寻求突破的。但如果因此就觉得前途茫茫，意志涣散，就容易反复折腾，最后半途而废或误入歧途。因此，面对柔和引导的瓶颈，项目领导者一定要保持在热度状态及格线之上，坦然、积极地面对问题，耐心解决问题，才能最终突破瓶颈。

（4）柔和引导的关键 —— 六四

项目领导者突破了柔和引导的瓶颈，辛苦坚持，取得了丰硕、有价值的成果，取得了各方的信任和赞赏。如果各方干系人看到项目带来的价值，就会给予项目更多的支持和帮助，能够调集的资源就会越来越多，项目就更容易获得最终的成功。

（5）柔和引导的成功 —— 九五

项目领导者经过长久的奋斗，潜移默化，最终取得成功，而且是在干系人不知不觉中取得的成功，终于可以正大光明地实践真正的想法。回顾前面的要点，巽卦刚开始时无形无相、不易察觉，但最后取得了好的结果。这是非常重要的智慧，真正会做事的人通常都非常低调，不真正成功绝不显摆；直到最后真正成功，想拦也拦不住。

（6）柔和引导的禁忌 —— 上九

当柔和引导时，项目领导者切忌能入不能出，不能只是潜在下面学习，而不输出对大家有帮助、有价值的内容。或者，以过时的东西教导大家，格局太低，包袱太重，根本起不到引导作用。最后，干系人、资源和权力都会远离项目领导者。

"柔和引导，如沐春风"的降维打击

作为项目领导者，正确处理对项目未来能否顺利进行的不安和恐惧非常重要。正确的方法是战胜和超越这些负面情绪，信任自己内在的直觉和

预感，像风一样"柔和引导"，将战略意图渗透至团队的每位成员，使整个团队"如沐春风"。这样，项目领导者就能够放松内在，变得柔软，以柔克刚，用更强的整合能力确保项目干系人融合融洽，可对项目进行超前的预见和直观的发现，前进的方向和路径因此变得越来越清晰和简单，最终成功地实施项目并交付完美的产品和服务。

为了精准地实施"柔和引导，如沐春风"这一项目领导力广度的要点，需要分析清楚团队目前的状态，有针对性地采取措施，做到有的放矢，避免项目领导力落入"没有力量"和"负面力量"的状态，至少要维持在"天赋能量"的状态，甚至达到"成就力量"或以上的状态。

（1）没有力量的状态：迟疑（项目领导力状态16）

项目领导者的特征是迟疑和犹豫，为忧虑所困，无法真正感受项目遇到的困难和问题，也不能传递正确的信息给项目团队和其他干系人。他们在决策时犹豫不决，以消极的态度对待项目。项目领导者对项目未来能否顺利进行感到不安和恐惧，头脑中的忧思持续加剧了这种焦虑，抑制了正确的直觉和真正的感知。最后，他们被忧虑困扰，表现出来的是迟疑和犹豫不决，最终无法按时交付客户想要的结果，导致项目失败。在前面的案例中，P项目的技术负责人小任在面对复杂多变的环境和各方的质疑时，感到越来越忧虑和不安，一直犹豫和迟疑自己是不是应该辞去相关职务，就属于这种情况。

（2）负面力量的状态：冲动（项目领导力状态17）

当项目领导者面对项目遇到的困难和问题时，很可能感到不安，也就很容易冲动、草率地做出决定，或者试图逃避或结束项目。但这种反应和决定往往不是基于清晰的自身感觉而做出的，而是源于恐惧。这种"冲动"的领导力风格只会引向愿望的反面，导致更多的问题、困难和痛苦，使项目陷入更大的动荡和危险中。在前面的案例中，小任冲动、草率地想在下午向王总汇报时直接引咎辞职的做法，就属于这种情况。

（3）天赋力量的状态：直觉（项目领导力状态18）

项目领导者对项目未来能否顺利进行不再感到恐惧和焦虑，越来越信任自己的直觉和预感，更加安心，变得更柔软，整合能力变得更强大。项目领导者的思想、意图能够真正进入、渗入、深入其周边的团队和其他干系人，要办的事大家一起做，形成了一个整体的力量。这种风格在项目中得到保持，成为在各种环境下应对困难的一种本能和"直觉"——一旦启动，就如同"风"一样，在项目进行中无所不在，触及每位项目干系人。从起初可能带来的"不安"，到做出适当的反应和行动，如同进入了同步磁场，项目也进展得越来越顺利。因此，交付客户的成果质量也得到不断提高。在前面的案例中，小任在两位教练的柔和引导及帮助下，慢慢找回自信，找到了思考问题的正确思路和角度。两位教练用柔和的方式循序渐进地引导和整合小任自己的判断，最后帮助他做出正确的反应和行动，就属于这种情况。

（4）成就力量的状态：清晰（项目领导力状态19）

项目领导者的内在直觉变得更加自然和强大，前进的方向和路径变得越来越清晰和简单。他们持续相信自己的直觉，超越恐惧，内心越来越放松，在人际交往中释放出一种"柔和"，并将其导向团队和其他干系人。项目领导者将"直觉"的领导力风格逐步提升为"敏捷"的领导力风格，与外部世界和谐地、系统地进行交互、探索，深入事物之中，顺事物之理，派生出谦逊之风，形成事前周详策划、事后检讨的慎重态度；派生出敏捷思维，形成"紧盯愿景""仆人式领导""自组织"的系列方法。在项目中，他们很容易和项目干系人一起朝着更高的目标前进，从而完成令客户惊艳的成果。在前面的案例中，小任通过两位教练的引导，更自觉地在项目中采用敏捷思维，形成了"紧盯愿景""仆人式领导"和"自组织"的系列方法，工作越来越顺手，就属于这种情况。

（5）完美力量的状态：柔和（项目领导力状态20）

项目领导者的领导力风格像风一般，轻柔地吹拂着团队成员，达到一种独特的境界，具有清晰的力量。他们展现的"柔和"，可以类比为水或风，能够渗透"一切"，水滴石穿、风入心扉，带来超越的力量。通过"柔和"的方式，项目领导者能够对现实和未来有更加清晰的认知。他们能够准确地看到现实，并有能力预示未来，将它们以一种非凡和美丽的方式呈现出来——就像风吹拂树梢的声音或一团云飘过海洋上的天空。项目领导者具备了超凡、敏锐的感知能力，能够创建更加广泛、综合的现实愿景，与"柔和"的力量和谐共处。

项目领导者以温和且充满智慧的领导方式打动团队成员的心灵，鼓舞他们的士气，激发他们的创造力。项目领导者以柔和的力量凝聚团队，营造和谐与共融的氛围，让每个人都感受到自己的重要性和价值。项目领导者要充分发挥每位团队成员的潜力，促进团队的协作和创新，从而实现卓越的项目成果。

项目领导者具有强大的吸引力，散发着令人难以抗拒的、柔和的气息，使团队成员和其他干系人如沐春风般地团结在其周围，进入一个完美的和谐状态，在其中体验宁静，项目干系人内心中的恐惧逐渐被清除。最终，项目领导者能够领导团队创造出完美的项目成果，并取得卓越的绩效。通过这样的表现，项目领导者成为在竞争环境中完美成长的榜样和典范。

第六章

项目领导力深度：安心专注力

项目领导力深度（Project Leadership Depth，PLD）：安心专注力，指的是项目领导者能够在项目中带领整个团队不为各种诱惑或杂事所分心，有很高的自我控制能力，能够挡掉干扰，安心专注、沉稳执着地领导团队实现项目目标，并且能放下私欲、心甘情愿地以客户的终极利益为导向，为其利益实现做出奉献的能力展现。项目领导力深度从本质上代表了项目热度状态的好坏，即如何让整个团队专精和纯粹。

项目领导力深度包含两个重要的项目领导力原则：一是"挡掉干扰，安心专注"（对应易经的艮卦）；二是"放下私欲，乐于奉献"（对应易经的离卦）。

艮卦是《易经》第五十二卦，象征着山。艮卦代表静止，展示了如何适时地控制自己的言行，做到动静有序。它强调了行动的时机和停止的时机，强调了说话的时机和沉默的时机，即一切都需要审慎地控制和克制。

从艮卦的卦辞和爻辞中可以获得以下启示：艮卦不仅强调行为上的由动到静，还注重内心的宁静和稳定，要专注于"大道"，即战略和愿景。因此，我们需要时刻做到适时停止和适时行动，做到动静得当。艮卦的"止"是指在事情尚未发生前就能预见，并提前防范潜在的混乱。应挡掉干扰，安心专注，保持内心的宁静和冷静，不被纷扰所困扰，迈向光明的道路。

"挡掉干扰，安心专注"意味着，在项目面临压力和困难时，项目领导者应当保持"淡泊明志、宁静致远"的态度。他们需要坦然面对压力，并具备足够的耐心。通过改变团队内部的关系和氛围，他们坚定地带领团队消除干扰和混乱的影响，专心致志地追求团队的终极目标，并找到更好地为客户服务的路径。通过这样的领导方式，他们能够带领团队取得更好的项目成果，实现更卓越的客户体验，并持续为客户带来最大的价值。

离卦是《易经》第三十卦，象征着燃烧和照亮，其形象是火。太阳

"附着"在天空上，燃烧着，散发出光和热。"离"代表光明，太阳升起和落下，不停地运行，持续不断地无私照耀着四方。

"放下私欲，乐于奉献"是对项目领导者在项目领导力方面更深层次要求的体现。即使没有外部的压力和阻碍，项目领导者也应主动、乐观地迎接机遇和挑战。项目领导者和团队应当专注于自己热爱和擅长的工作，全身心地投入工作，感到喜悦和充实。他们不再被个人私利所牵绊，而是专注于团队的共同目标。他们充分意识到，项目只有附着于客户才能发出"光"和"热"。因此，他们天然具备以客户利益为中心的奉献精神，乐于相互协助，不断为客户创造最大的价值。

项目领导力原则5：挡掉干扰，安心专注（艮卦）

5D项目领导力案例第7篇

"洪博士怎么还没有到啊？"新任的A集团总裁熊总不停地在看表，脸上露出掩饰不住的着急神色。

"您刚刚不是打过电话吗？洪博士正堵在高速公路上，离这里其实已经不远了。"一旁的许博士一边安慰熊总，一边暗暗想着如何抓住这个天赐良机与这位刚刚上任不久、个性很急且又对P项目干扰很大的新领导者进行沟通。

P项目已经接近尾声，再有4个月就可以结束，P项目团队正在做最后的系统开发及全系统整合验收工作。不料，此时A集团突然更换了一把手，熊总成了新任的A集团总裁，他过去执行过很多项目，绩效很好。但是熊总个性很急，由于P项目对A集团极为重要，因此，熊总上任后，也不顾P项目目前正在进行的正常项目迭代计划和敏捷开发流程，立即要求P项目团队在2周内完成他认为该完成的工作。

P项目团队是敏捷团队，由A集团组成的PO群（含一位大PO，十位小PO）担任产品负责人，负责了解与表达A集团项目干系人的需求，并负责根据A集团的实际需求，对P项目的工作进行排序。由于新任总裁熊总非常强势，并且要求所有已交代的工作必须在2周内完成，所以PO直接要求B公司的工程师执行熊总交代的工作。B公司的项目团队变得手足无措、态度消极，渐渐变得没有活力。A集团和B公司中都没有人跟两位外部教练反映此事。

PO很畏惧熊总，熊总一提要求，PO就指挥B公司的项目团队按照熊总的要求执行。但是，这些要求与敏捷项目管理中的发布规划和迭代规划的内容完全不同。熊总的命令又急又快，项目团队已无法按照原来的敏捷节奏工作——把用户故事切小，制定验收标准，在迭代规划的时候做测试案例，再根据测试案例做工作分解。现在PO的思路完全乱了，不得不放弃敏捷的做法，又回到原来命令和控制式的做法，之前良好的项目节奏和敏捷做法被完全打乱，大家乱成一团，盲目行动，急于处理矛盾，试图尽快减轻压力，却疲于应付、筋疲力尽。熊总想要的做不出来，反而让熊总非常生气。

因为P项目已进行一年多，最近几次发布工作还算顺利，两位教练只在发布规划、迭代规划、迭代审查、发布审查时指导团队，所以，当迭代审查进度只有30%时，教练才知道这个状况。

由于熊总自视甚高，根本不愿意参加敏捷讲座或相关培训课程，也不愿意见教练，只依照自己的想法做事，因此造成项目延误，使团队工作大乱。A集团项目分管领导和P项目团队都很头痛，却又无能为力。

B公司最近聘请了一位资深顾问洪博士。洪博士曾在A集团服务了二十多年，也担任过熊总的领导，和许博士的关系又非常好。因此，B公司的王总提议，请许博士陪同洪博士一起拜访熊总。许博士也可以借此机会，以面对面对话的方式向熊总灌输敏捷项目管理的理念和实务精髓。

尽管熊总并不愿意接见，但因为洪博士曾是熊总的领导，所以熊总想的是只见洪博士和许博士十分钟。之后，两位博士还要继续在A集团参加P项目的现场例行会议。许博士非常清楚，和熊总的这次见面是为帮P项目挡掉干扰最后的机会了，所以，许博士下定决心，不管这次见面有五分钟还是十分钟，只要有机会和熊总面对面对话，就要想方设法解决问题。

没想到，见面这天非常不巧，洪博士遭遇堵车，而熊总必须等洪博士一起沟通，所以整整等了一个半小时。

有着三十年开发经验的许博士是一名非常出色的需求分析师，特别能够感知客户的需求，深刻洞察客户的不安和焦虑。

"熊总，您现在对于P项目的心情，是不是也和等待洪博士一样，又焦虑又无奈呢？"许博士半开玩笑、半认真地开始把话题往P项目上引。

"是啊，如果不是我亲自出面干预，P项目未来根本无法满足A集团的战略需求。上周，我布置的任务现在又延误了，怎么能让人不着急呢？"熊总一提到P项目，气就不打一处来。

"其实，如果您允许我用敏捷项目管理的方法来把您的需求优先安排到现有的P项目开发过程中，一定能更好地实现您的愿望。"许博士微笑着说。

天赐良机，利用这一个半小时的时间，许博士把整体的敏捷概念、敏捷方法、发布规划、迭代规划都向熊总做了生动的介绍。

许博士安慰熊总，让他不必担心，他当前所有的需求都可以通过优先级排序来实现，在后面工作量不变的情况下，敏捷方法可以延后目前不重要的工作。熊总听完频频点头，发现许博士比他自己还清楚他真正需要什么。在和许博士的交谈中，熊总开始意识到敏捷的重要性。欲速则不达，为了更快达到预期效果，许博士建议熊总不要着急把所有需求排在这一周，如果熊总担心做不好，项目团队可以在敏捷发布规划时就做出验收标准，他只需要按照标准进行验收即可。若未达到要求，可不予验收。

熊总经验丰富，对许博士提供的解决方案表示放心。当洪博士赶到时，熊总开玩笑道："因为您的迟到，害我听了许博士一个半小时的课。不过，我还真被许博士的敏捷项目管理洗脑了。"

通过这次和许博士的对话，熊总发现敏捷项目管理非常强大。对于他目前迫切的需求而言，敏捷项目管理才是最好的解决方案。在有了这样的认知后，熊总立刻同意P项目采用敏捷项目管理的做法。

许博士和张博士趁热打铁，引导团队根据现况及时安排熊总的迫切需求，调整此次发布迭代及后续发布工作，确保熊总、PO及所有团队成员都理解并遵循P项目的敏捷流程与节奏，从而挡掉了项目干系人的干扰，使P项目团队能够安心专注于原定发布的、迭代规划的工作。最后，根据现况排序，此次发布进度为77%，下次发布就可达到100%。熊总体会到了敏捷的威力和价值，并对以许博士为代表的外部教练对P项目的指导和统筹安排完全信任。P项目重新回到了正轨。

"挡掉干扰，安心专注"的升维思考

项目在运行过程中总会面临各种各样的压力，如资源匮乏、人才短缺、技术不成熟、市场竞争激烈、客户需求变化等。在面对项目运行过程中的巨大压力和不可避免的焦虑时，项目领导者要能从困惑中及时走出来，不成为压力的牺牲品。他们不会在生理、心理上崩溃，也不会因为恐惧陷入焦躁和逃避的"低频"状态；能够不为各种诱惑或杂事所分心，能坦然接受压力，有足够的耐心，沉稳执着，挡掉干扰，安心专注于团队的终极目标。

如何在动荡的环境中挡掉干扰，安心专注，艮卦六爻也给出了非常有价值的参考建议。

（1）挡掉干扰的基础 ⟶ 初六

在动荡变幻的环境中挡掉干扰的第一步是先站稳，别乱动，步法要稳，用姿态改变心态。身体保持不动，借此锻炼身心的定静功夫，专心一意，始终如一。在项目一开始就要做出履行项目团队章程的承诺，不要失正，严守纪律，严守立场，绝不游移不定。只有第一步认真做到了，才有助于永久地守持正道。

（2）挡掉干扰的难点 ⟶ 六二

即使项目领导者能够做到柔中得正，举止得体，但人微言轻，受制于人，作为下属只能听命于直接上级，几乎没有自主权。如果上级做出了干扰项目的决定或行为，下属会十分为难，不做又不行，"其心不快"。即使向上级表达了正确的观点，如果上级不肯退后一步听取下属的意见，执意前行，下属就会非常痛苦。这就是为什么项目领导者要善于为团队挡掉干扰，通常，由外部敏捷教练或其他对上级有足够影响力的项目干系人出面

协助项目团队，能更有效地挡掉干扰。在前面的案例中，如果没有许博士和洪博士出面说服新上任的熊总，项目团队也无法真正做到安心专注。

（3）挡掉干扰的痛苦 ⟶ 九三

在项目工作中，团队常常面临来自外部的干扰，这使他们难以突破限制，感觉上升的道路被阻挡，还被各种干扰所困扰，身心俱疲，仿佛烈火灼心，极其痛苦。然而，痛苦是成长所不可避免的阶段。"故天将降大任于是人也"，我们必须经历"天人之战"所带来的痛苦。这也是项目成就的关键时刻，一旦我们能够挺过这种痛苦，我们内心的力量将得到增强，我们将能够超越自身的能力限制，取得增益和进步，达到"曾益其所不能"。

（4）挡掉干扰的要领 ⟶ 六四

知止而后能定。即使面对项目外部的干扰，也能做到身心安静，能屈能伸，可以反躬自身，挑出自己的毛病，也能成为众人楷模。能解决自身问题，才能管理好他人。

（5）挡掉干扰的典范 ⟶ 六五

言不轻发，发必有序。挡掉外部的干扰就能保持平静的心态，谨守中正之道，自然不会有过错。项目领导者须安心专注，谨慎从事，既要小心言多必失，又要谨记"一言既出，驷马难追"，这样就不会后悔。

（6）挡掉干扰的品质 ⟶ 上九

善始善终，功德圆满。挡掉干扰的最终境界是修炼出敦厚笃实的品质。这种品质可以带领项目团队取得最终胜利，也可以启蒙、教育更多的人，让他们终身受益。

"挡掉干扰，安心专注"的降维打击

在项目启动的早期阶段，会面临各种各样的压力：资源匮乏、人才短缺、技术不成熟；市场竞争、客户需求的变化等。在项目执行过程中，这些巨大的压力和无法逃避的心理焦虑是不可避免的。然而，作为项目领导者，你应该及时从困惑中走出来，至少保持在"天赋力量"的状态，不让自己成为压力的牺牲品。这样就不会在生理、心理和情绪上崩溃，也不会因恐惧而陷入焦虑和逃避的低频状态，从而避免肾上腺素过度刺激对身体造成的损害。相反地，项目领导者应该坦然面对压力，展现足够的耐心。通过改变内部的关系和氛围，排除外部干扰和混乱的影响，来保持平静的心态，专注于寻找能够为客户和其他干系人提供服务的方法，以帮助他们，从而领导团队呈现更好的项目成果和客户体验。

为了精准地实施"挡掉干扰，安心专注"这一项目领导力深度的要点，非常有必要分析清楚团队目前的状态，有针对性地采取措施，做到有的放矢，避免项目领导力落入"没有力量"和"负面力量"的状态，至少要维持在"天赋能量"的状态，甚至达到"成就力量"或以上的状态。

（1）没有力量的状态：崩溃（项目领导力状态21）

项目领导者在面对项目的压力和矛盾时，态度消极，不知所措，生理和心理上容易崩溃，产生深刻的受困感，变得沮丧和冷漠，没有活力，也无法帮助他人。由于项目领导者不能正确处理压力和矛盾，使团队受困于压力和矛盾，项目停滞，无法交付客户想要的结果，导致项目失败。在前面的案例中，由于新任总裁熊总非常强势，要求所有已交代的工作必须在2周内完成，所以PO直接要求B公司的工程师执行熊总交代的工作，B公司的项目团队因而不知所措，态度消极，渐渐变得没有活力，就属于这种情况。

（2）负面力量的状态：逃避（项目领导力状态22）

项目领导者在面对项目压力和矛盾时，心态不稳，无法平静，变得焦躁不安，容易发火，因为恐惧而轻举妄动。由于想逃离困难，他们往往做出一些超出团队能力的决策，掩盖恐慌、焦躁的情绪，盲目行动，反而使团队迷失方向。团队急于处理矛盾，试图尽快减轻压力，却陷于疲于应付、筋疲力尽的状态，最后导致项目陷入危险。在前面的案例中，熊总提出要求，PO因畏惧而直接指挥B公司的项目团队按照熊总的要求执行，这样的方式就又从仆人式领导变成命令和控制式。由于熊总的命令又急又快，之前良好的项目节奏和敏捷做法被完全打乱，大家乱成一团，盲目行动，试图尽快减轻压力，却陷于疲于应付、筋疲力尽的状态，就属于这种情况。

（3）天赋力量的状态：耐心（项目领导力状态23）

项目领导者在面对项目的压力和矛盾时，应展现出坦然接受的态度，并深刻理解"世间万物各有其运行规律"的道理，不要急于求成。项目领导者要逐渐培养自己的耐心，能够创造性地掌握和积累更大的力量，按照自然的步调完成项目。

项目领导者应了解正确解决矛盾和减轻压力的方法，理解行与止的辩证关系，并采取适当的行动来解决矛盾和减轻压力。他们懂得在行动中应有所止，即抑制邪欲，努力控制内心不健康的思想情绪，发扬正气，提升团队内部的驱动力。应在止之后行动，坚定地走正道，始终坚持项目的正确发展方向，把握行动与停顿的节奏，使团队交付给客户的成果质量得到不断提高。在前面的案例中，熊总通过许博士对其的辅导和双方的合作，开始认识到敏捷方法的重要性，并坦然接受将敏捷项目管理作为最佳解决方案的事实。他展示了处理矛盾和压力的正确方式，体现了项目领导者应具备的态度和行动。

（4）成就力量的状态：利他（项目领导力状态24）

项目领导者在面对项目的压力和矛盾时，始终不忘初心和使命，不仅为自身服务，而且更重要的是为了利他，要帮助客户和项目干系人，并找到最佳的方法来服务他们。因此，项目领导者不应被困住，而要有能力抑制由压力和矛盾所产生的恐惧，抑制任何阻碍项目发展的消极因素，如焦躁和急于求成的情绪。通过这种无私的力量，他们能够减轻项目压力和解决项目矛盾，驱动整个团队的发展和进化，运用自身的创新力量，促使项目干系人积极参与，并紧跟时代发展的节奏。他们全力运用敏捷方法，在项目中挡掉一切干扰，专注地创造超出客户期望的惊人产品和服务。

在前面的案例中，许博士和张博士根据实际情况及时处理了熊总的紧急需求，调整了发布迭代和后续工作的计划，确保了熊总、产品负责人及整个团队都理解并适应敏捷流程和节奏。这样的调整真正挡掉了项目干系人的干扰，使P项目团队能够专注于原定的发布和迭代规划工作。最终，根据当前情况进行优先级排序，使此次发布的进度达到了77%，下次发布的进度则实现了100%。熊总也深刻体会到了敏捷方法的威力和价值，并对包括许博士在内的外部敏捷教练为P项目所做的辅导和协调充满信心。这个案例充分展示了项目领导者通过运用敏捷方法，顺利挡掉干扰，安心、专注地创造超出客户期望的卓越成果。

（5）完美力量的状态：宁静（项目领导力状态25）

"非淡泊无以明志，非宁静无以致远"。项目领导者在面对压力和矛盾时，能够始终保持内心平静和情绪稳定，外界的变故无法影响他们的冷静思考和决策。他们不追逐短期的小利，不受外界物质的诱惑，以平和的心态应对各种挑战和诱惑，专注地守住正确的方向。项目领导者要有宁静致远的心态，无论面对何种压力，都能保持内心的平和。他们像山一样坚守不动，达到了忘我的境界，展现出朴素、简约、理智、平稳的气质，全神贯注地关注项目的实施。在纷繁复杂的环境中，即使承受着巨大的压力，项目领导者依然坚守项目的正确方向，从容应对，挡掉外界的干扰，实现自我价值。通过以利他为中心的服务，体现出项目存在的意义和项目的目标，项目领导者在实现为项目干系人带来福祉的独特项目交付成果时，创造了完美的项目价值，成为当之无愧的典范和榜样。

项目领导力原则 6：放下私欲，乐于奉献（离卦）

5D项目领导力案例第8篇

和高中同学聚完会，P项目的技术骨干李博士喝了一肚子闷酒，心情很沮丧。博士毕业后到B公司工作已经快三年了，李博士今天和同学一聚会才发现，许多当初成绩不如自己的同龄人现在都过上了体面的生活，而自己还在P项目中苦苦挣扎，不但无法从工作中找到任何新鲜感和热情，反而觉得压抑和悲观。明明平时的项目工作都能够出色且卓越地完成，可每个月的收入却按部就班，毫无增长，做得好与坏也没有什么差别。每个月的KPI此刻在自己心中突然变得没有意义和价值，李博士萌生了离开公司的想法。在今天的同学会上，有位做房地产的同学无意间向他提到，其公司需要一名IT维护主管，收入比他现在高很多，压力也比现在小。李博士不由得心动了。

第二天，在P项目的每日晨会结束后，李博士就找到他的主管小任提出了自己的想法：自己进入B公司已满三年，对工作开始有"审美疲劳"，希望拥有与同龄人相比"更体面的生活"的目标也没有实现，对工作越来越没有激情，想离开B公司以寻找更好的工作。在两位教练的帮助下，小任的工作好不容易才顺手了，面对这个情况他非常惊讶。在深入了解了李博士的需求后，小任赶紧向P项目经理小战汇报。在这段时间，小战已经发现项目进度不够理想，尤其团队的工作热情有下降的倾向。他进一步向团队其他成员了解了情况，基本明确李博士最大的问题是觉得自己到了B公司之后，并没有比同龄人和同班同学的待遇更高。项目经理小战在与团队深入沟通后发现，B公司的战略没有与员工的个人发展相结合，P项目中的很多员工都没有明确自己的责任，也缺乏为客户创造价值的奉献精神。更重要的是，员工在工作中体现不了自己的价值，找不到工作的乐趣，看不到自己的未来。小战发现这在团队中是个普遍现象，感觉自己无法很好地解决，于是想请许博士和张博士帮忙。

两位教练询问了目前P项目团队成员的收入分配情况，这才发现，B公司的竞争机制和项目奖惩机制并不完善。除了员工的基本工资，团队成员的项目绩效奖金要到年末才统一发放，这对于很多员工来说有点"远水不解近渴"。

许博士和张博士根据自己的经验，协助B公司完善了竞争机制和奖惩机制。他们帮助小战和小任明确了P项目和团队成员的绩效指标，并按月度成果、季度成果给予奖惩：做得好，立即获得实际的奖励；做得不好，小战和小任就会指出需要进一步改进的部分，落实精神奖励和物质奖励。在两位教练的建议下，根据项目的价值实现和进度交付节点给予激励，细分到月度和季度，只要项目有了好的进展，有了令客户满意的成绩就立即奖励，立竿见影。如果项目的进展有问题，不给处罚，但是给予批评。

在新的项目激励措施实施后，员工追求高质量生活的目标就不再遥不可及。不是只在年终发放奖励，而是只要团队成员做出成绩，就可以得到相应的奖励，团队深受鼓舞。即使做得不好，小战或小任也会面对面地找团队成员谈话。看到别人得到奖励而自己没有，这本身也是一种压力和鞭策。不断给予奖励，不断给予肯定，并不断给予员工进一步提高的方向，让项目形成了良性循环。

对于如何把团队成员个人的使命与B公司、P项目的使命（目标）统一，进而使团队成员迸发出无穷的战斗力，许博士和张博士在这方面特别期待项目经理能亲自调动团队的积极性。因此，两位教练特地培训了包括小战和小任在内的项目经理和职能负责人，辅导他们如何运用情商来出色地建立和带领高效能团队，促进团队实现高绩效，并按照关键绩效指标，评价团队成员的绩效，激励团队成员保持工作积极性、主动性，与团队共成长、同进步。

通过培训，小战和小任认识到提高自身热度状态，并运用情商带领好团队，使团队成员的个人目标能够与公司和项目的使命相统一的必要性和迫切性。例如，小任发现李博士其实是技术型人才，他非常愿意做科研，愿意做有挑战性的技术工作，而过去并没有发现或运用李博士这方面的优势，只是给他布置简单的编程工作。李博士的专长是语音识别（识别自然语言，将其转化成机器语言，然后翻译成汉语再让机器说出来）。于是，小任想方设法，让李博士的技术特长在P项目中充分体现出来。在项目进行中，小任给李博士增加了新的挑战与压力，让李博士在项目的整合和落实上花更多的心思。这让李博士感到非常有成就感，觉得自己能对项目发挥很大的作用，能够把自己在博士论文中关于自然语音的分析应用到项目工作中，这对他思想的转变非常有作用。李博士觉得自己被重视，认识到了自己在项目中的价值，因此乐于奉献，也不再简单为了增加收入而从事自己并不喜欢的IT维护工作。

小战和小任在成功挽留了技术骨干李博士后，很有成就感。接下来，小战和小任用同样的方法，以同理心充分辨析和理解团队成员的情绪、追求，学习愿景式领导力风格，将员工的个人愿景与公司愿景及P项目愿景进行校准，激发员工共鸣，鼓励团队为共同愿景而奋斗；勉励团队成员突破自我，充分发挥自身技术优势，倾注热情在自己喜爱的工作上，专注于为客户创造更高的价值，同时找到自身发展的方向。

项目团队成员既感受到压力，又充满激情，深信自己能在团队中扮演独特的角色。他们把自身价值与公司的战略目标及项目价值紧密结合，将个人成长与公司的成功相互关联。这种关联激发了员工的积极性，并推动公司持续发展，让他们愿意放下私欲，乐于奉献，释放出强大的战斗力，全力投入公司和项目的发展，从心所愿地为客户创造更高的价值。通过及时实施合理且有效的竞争机制和奖惩制度，项目领导者能够引导团队沿着正确的道路前进。团队成员充满朝气，项目发展势如破竹。然而，在团队团结一心，奋力向前的关键时刻，出乎预料的新干扰突然出现……

"放下私欲，乐于奉献"的升维思考

当项目面临压力和困难时，项目领导者应展现出继往开来、持续发展的能力，传承前辈的智慧和经验，找到自己的热情所在，将项目的成果发扬光大。正如古人所言："大人以继明照于四方。"项目领导者在充满挑战的环境中应找到自己的定位和作用，全情投入，为项目的成功做出贡献。他们以天地为根本，为生民谋求福祉，继承前人的学识和智慧，为后世开创和平繁荣的道路。项目领导者以崇高的使命感和责任感引领团队，通过持续不断的努力来追求卓越，为项目的持续发展和社会的进步做出了重要的贡献。

如何在动荡变幻的环境中放下私欲，乐于奉献，离卦六爻也给出了非常有价值的参考建议。

（1）放下私欲的基础 ⟶ 初九

保持恭敬、谨慎的态度是放下私欲的基础。项目领导者需要明确自己的定位，在面对复杂的选择时应保持审慎的态度。从项目的起始阶段开始，专注于每个步骤的执行，并时刻观察自己的热度状态，确保热度状态处在合适的范围内。不急躁，也不过于迟缓，应以探索真相为首要任务，并以谨慎小心的态度避免犯下严重的错误。项目领导者必须脚踏实地，谨慎行事，低调处世，避免冒进行为，避免被贪婪的欲望所驱使。明白、稳健的前进比盲目的追求更重要，通过谨慎和审慎的行动，确保项目稳步发展，最终将取得成功。

（2）放下私欲的回报 ⟶ 六二

只要不犯错误，循序渐进，项目领导者就会乐在其中，创意无穷，最终迎来事业的璀璨辉煌。利用之前打下的坚实基础，天时地利人和俱备，

创造项目的真正价值。就像温暖的太阳一样，无私地照耀着每个人。

（3）放下私欲的心态  九三

在时不我与的环境下，项目领导者为了确保项目成功，能上能下，能够自我调适，怡然自乐。即便从领导岗位退下来，他们也能以开放的心态和轻松的姿态接受现实。反之，如果这时不能接受现实，执着于胜负，沉浸在抱怨和牢骚中，天天扼腕叹息，郁结于胸，就很容易自取其辱，甚至招来更大的灾祸。

（4）放下私欲的反面 →九四

如果只顾追求个人私欲，终日沉溺于抱怨与争斗，甚至为了自己的地位和权利威胁高层，或者为了自己的利益和发展，毫不顾忌地破坏周围的环境并损害其他项目干系人的利益，这样往往会导致孤立无援，容易引发突如其来的大灾难，处境十分凶险，可能导致毁灭性的后果。

（5）放下私欲的境界 →六五

当项目干系人遭遇困境和灾难时，项目领导者就如同自己遭遇灾难一样感同身受，同甘苦共患难。在共同面对挑战，共同感受危险中，大家更深刻地理解彼此，在共同经历困难后彼此的距离也缩短了。那些日常琐事的计较和争执在这一刻都会被放下，所有的纠纷仿佛都被清洗一空。最终，项目领导者发起呼吁，激励所有人擦干眼泪继续前进，共同合作，再创辉煌。大家一起到达了放下私欲的境界。

（6）放下私欲的挑战  上九

项目领导者必须采取积极有效的行动来应对和预防突发的灾难。他们

需要寻找问题的根源，并阻止或消除它，否则如果问题的核心未得到解决，灾难将永无止境。所以，"擒贼先擒王"，项目领导者要采取积极有效的根治行动，惩治那些因个人私欲膨胀而造成项目灾难的首要元凶，以此震慑整个组织，确保此类事件再也不会发生。

"放下私欲，乐于奉献"的降维打击

"皮之不存，毛将焉附。"项目只有紧密依附于客户，才能焕发光彩，散发热度，才能真正展现项目的价值和意义。在项目运行过程中，项目领导者必须怀揣以客户利益为首要目标的奉献精神，绝不能只追求商业利益。只有处在天赋力量之上的状态，才能在面对巨变和新形势时保持清晰的战略思维，明确自身的价值定位，坚定正确的方向，始终紧密依附于客户。项目领导者要将客户的利益放在首位，就像太阳一样燃烧，持续地散发光和热，照耀并温暖四方，运行不息。

为了精准地实施"放下私欲，乐于奉献"这一项目领导力深度的要点，项目领导者非常有必要准确分析团队目前的状态，并有针对性地采取措施，做到有的放矢，避免项目领导力落入"没有力量"和"负面力量"的状态，至少要维持在"天赋能量"的状态，甚至达到"成就力量"或以上的状态。

（1）没有力量的状态：刻板（项目领导力状态26）

项目领导者在管理团队时眼中只有商业利益和KPI，变得冷漠和僵化，非常机械地执行项目流程和程序。团队成员因为恐惧而刻板地遵守各种纪律，心中缺乏热情和欲望，显得压抑、冷淡和悲观，导致团队交付的结果无法让客户满意，最终项目以失败告终。在前面的案例中，P项目的技术骨干李博士在和高中同学聚会时发现，自己的努力并未带来任何改变，不但工作没有新鲜感，而且自己内心充满了冷漠、压抑和悲观，就属于这种情况。

（2）负面力量的状态：放纵（项目领导力状态27）

当项目领导者在面对外部环境和内部条件的变化时，若没有把"为客户创造最大价值"作为应对变化的行动方针，仅仅追求个人利益，抗拒流程和程序的限制，过于放纵自身的欲望，团队便会失去共识。在此情况下，项目领导者可能为了满足自己无尽的私欲，把工作当成实现个人意愿的工具，冲动地做出许多不理智的决定，最终导致项目陷入危机。在前面的案例中，李博士在工作中无法找到个人价值，感受不到工作的乐趣，看不到自己的前景，只要能找到一份收入更高的工作，他就会选择辞职并离开当前的项目，就属于这种情况。

（3）天赋力量的状态：放松（项目领导力状态28）

项目领导者应坚守以客户为导向的核心价值观，克制个人私欲，为客户创造最大的价值。他们保持内在动力，倡导创新，实现突破。在变化中灵活应变，在不确定中确立方向，在复杂中追求简约，在模糊中展现明确。他们轻松面对压力，坚守正确的前进方向。项目领导者通过开阔的视野和高情商来理解项目干系人的需求，在遵守流程与热情工作之间保持平衡。他们不再被个人私欲左右情绪，以放松的状态应对困难和挫折，摆脱紧张和恐惧的困扰。因此，他们在带领团队时更自信、更轻松，交付的成果质量得到持续提升。在前面的案例中，项目经理小战在两位教练的指导下改善了竞争和奖惩机制，明确了P项目和团队成员的绩效指标。根据项目的价值实现和交付节点进行激励，并按月度、季度进行奖励。一旦团队满足客户需求，就立即给予团队奖励并激励团队，同时展示项目领导者的榜样作用。

（4）成就力量的状态：幽默（项目领导力状态29）

项目领导者意识到痛苦和挫折源自错误的信念。应该以客观和超脱的态度，幽默地对待情绪和欲望。他们善于整合冲突双方的意见，理解行为背后的动机和目标。同时，他们放下私欲，具有同理心，能更好地关心和理解他人。在竞争激烈的市场中，项目领导者从客户需求中汲取创新的力量，如太阳般燃烧，为客户提供光和热以及令人惊艳的产品和服务。他们鼓励身边的项目干系人，赢得客户和干系人的信任，共同创造和谐的人际环境。

项目领导者要为客户创造最大的价值，积极应用敏捷思维和敏捷方法，专注于愿景，不断突破自我，超越小团体的利益，克服重重困难，交付令客户惊艳的成果。在前面的案例中，小任发现李博士在技术方面非常有才华和热情，特别擅长语音识别。因此，小任进行了精心安排，让李博士在P项目中发挥自己的技术特长，应对更大的挑战和压力。这使李博士感到有成就感，倍感重视，认识到自己在项目中的价值，乐于奉献，就属于这种情况。

（5）完美力量的状态：欣喜（项目领导力状态30）

项目领导者应保持清晰的战略思维，明确自身价值并坚守正确的方向，始终以客户和组织的利益为重。他们释放出"高频能量"，展现生命力和创造力，充满奉献精神。项目领导者能激发团队的热情，形成独特的能量场，共同达到一种欣喜若狂的"神圣"状态，从而促进自我革命和创新动力的提升。

在实现项目目标的过程中，项目领导者不断驱动团队无私奉献，发扬克服困难、承受苦难、牺牲自我的精神。通过实现独特的项目交付成果，他们创造了完美的项目价值，成为无可争议的典范和榜样。

7

第七章

项目领导力进度：喜悦交付力

项目领导力进度（Project Leadership Progress，PLP）：喜悦交付力，指的是项目领导者在推进进度方面展现的能力，包括扫除困难，排除障碍，快速行动，营造愉悦的团队氛围，及时、高效地交付对客户最有价值的成果和服务。喜悦交付力代表了项目能量显化的结果，即如何让人们不断感受到成就和喜悦。

其他维度的能量状态会影响项目进度，而进度也会影响其他维度的能量状态。如果愿景不明确或团队各级主管未对愿景进行校准，团队就可能陷入白忙活的状态，东一榔头西一棒槌，甚至像追逐自己尾巴的狗一样在原地打转。

当在项目干系人或团队之间存在不信任和不协调时，会花费大量时间互相抱怨和指责，甚至互相谩骂，无法理性地共同解决问题，从而拖延项目进度。

在巨变时代，唯一不变的就是变化本身。团队领导者应注重提升团队的能量状态，团队成员只有保持健康的情绪和愉悦的心情才能更好地应对变化。当团队无法专注于项目工作时，会影响项目进度。因此，各维度的能量状态会综合体现在项目进度上，即团队交付价值的进度。

项目领导者在任何项目境遇中都应具备营造喜悦的能力。尽管资源有限、内外环境发生变化、客户需求变动等因素会带来困难和挑战，但外在的困难只是表象。真正的喜悦与受苦是心理层面的体验。如果项目领导者内心感到痛苦，那意味着他们自己是痛苦的源头，是痛苦的创造者。除非自愿接受，否则没有人会真正感到痛苦。因此，项目领导者应将痛苦视为必须在能量状态上警觉以及尽快做出调整的重要信号。

项目领导力进度包含两个重要的项目领导力原则：一是"扫清困难，排除障碍"（对应易经的坎卦）；二是"营造喜悦，有效交付"（对应易经的兑卦）。

坎卦是《易经》中的第二十九卦，象征着水、沟壑和险境。《象传》中说："习坎，重险也。"坎卦代表着重重困难和绝望。人们普遍害怕险境，然而坎卦教导我们要善于应用险境，只有克服种种困难，才能取得正果。天地通过险境显现其卓越和广大，国家通过险境变得强大。险境虽然危险，但其应用之大可见一斑。只有明白险境的应用之道，才能理解坎卦的意义所在。

"扫清困难，排除障碍"意味着，在项目执行过程中，在面对巨大的压力和无法回避的心理焦虑时，项目领导者能够及时走出困境，不成为压力的牺牲品。他们不会在生理和心理上崩溃，也不会因恐惧而陷入焦虑和逃避的低效状态（身体过度紧张，损害健康）。项目领导者应能够识别项目中可能影响进度的各种困难和障碍，分析并确定其优先级，找出对进度和交付质量影响最大的关键制约因素，集中资源和力量，通过有效的应对措施扫清困难，排除障碍。然后，他们会继续寻找下一个关键的困难和障碍，持续前行。

兑卦是《易经》中的第五十八卦。兑象征着泽水，卦象如同积蓄水源的泽地，泽水能滋润万物生长。《说卦传》中提到："兑，正秋也，万物之所悦也。"在秋收的时节，万物成熟，人们获得丰收，享受着丰盈的果实，心情愉悦。《序卦传》中也提到："兑者，悦也。"因此，兑卦有两层含义：一是实现并交付大家（包括客户）都能受益的成果，这些成果可能还对未来的成果有帮助；二是让大家都感到非常欢喜和愉悦。

"营造喜悦，有效交付"意味着，项目的有效交付能力取决于项目领导者是否能够为团队营造一种内外部都充满"喜悦"的和谐氛围，这种氛围是项目生存的一种状态。通过营造喜悦和谐的氛围，项目内部的领导者与成员之间、成员与成员之间可以和谐相处，顺利推进工作；在项目与客户及其他项目干系人之间也要建立和悦亨通的关系，就像两个泽地相连、两条水流交汇，和谐共存，相互借鉴，共同发展。这种氛围能够促进项目的有效交付，让团队和干系人都能感到愉悦和满足。

项目领导力原则 7：扫清困难，排除障碍（坎卦）

5D项目领导力案例第9篇

"你听说了吗？P项目负责数据库的小姑娘阿梅离职了。"

"是吗？她在项目上待了三年，表现一直都挺好的呀。眼看项目还差一年就要结束，怎么突然就离开了呢？这可不是一个好兆头啊。"

"我听说，在收尾阶段才开始的新旧数据库转换出了意外，项目可能要延误一年以上呢……"

项目经理小战走在楼道里，无意中听到正在外面休息的几位项目组同事在窃窃私语，不禁皱起了眉头。阿梅这周的离职出人意料，也的确让小战措手不及。

上周，P项目的最后一个子系统顺利开发完毕。此时，需要进行该子系统的用户测试，在测试时，必须使用A集团的包含大量敏感信息的真实数据库。此时，B公司负责P项目数据库的阿梅突然发现，新旧数据库的迁移困难重重，而A集团的旧数据库事关重大，一定要迁移至新系统才可以通过验收。P项目恐因此而延误一年，无法顺利验收。

其实，早在P项目引入的外部培训中，以及在每次项目的发布规划时，许博士和张博士都一再提醒团队，如果要将旧数据库的数据迁移至新系统，必须在新系统的设计时就予以考虑，并需要进行小规模的风险测试（也被称为刺探，Spike：为了降低项目遭遇风险导致失败的影响，在开始进行正式的项目迭代前，用较短的时间，验证接下来的项目工作是否可行，以排除项目后续可能出现的风险，或者找出应对风险的解决方案）。通常，在新系统的相关软件开发完毕后，使用筛选出的具有代表性的旧数据库中的数据样本进行测试。

但P项目的工程师们并没有予以重视，他们以为没有问题，清高的个性使他们不愿意也可能不知道怎样做这个实验性的测试。加上整个P项目所涉及的功能子系统很多，工程师们一直在赶工，以为最后再导入数据库应该也没有问题。但是后来才发现，A集团的旧系统数据库中并不是只有数据库，而是有很多在编程中自动产生的内容，这些内容没有对应的独立数据库。在这次P项目新开发的数据库中，有很多字段是旧数据库中没有的，必须手工补上。

由于旧数据库中的信息属于A集团的机密，因此在项目进行过程中，两位外部敏捷教练未被授权查看数据库的详细内容。在此之前，团队成员都说数据迁移没有问题，所以两位教练在提醒后也就没有再过问。由于旧数据繁多，而且新数据库又有许多字段是旧数据库没有的，必须深入研究旧系统的逻辑，才能补齐旧数据库所需的字段。P项目团队在项目收尾前半年才发现这个问题。由于旧系统非常复杂，经过团队的初步估算，若将旧数据库的数据都迁移至新数据库至少将使项目延误一年。

之前负责新数据库工作的阿梅，其实非常优秀，然而在这样的项目进度和压力之下，她终于失去了信心，感觉不再有力量来负责接下来的数据库迁移工作，也不敢再对数据库的进度计划进行承诺了。经过一个周末的煎熬，阿梅觉得已经完全没有希望了，也非常自责，索性就离职了。

大家看到这种情况，就更为阿梅的离职抱不平了。本来以为可以马上收尾了，却遇到这种看似无法排除的障碍，大家都非常灰心丧气。因为根据初步估算，迁移数据库所花的时间甚至与之前开发的总时长差不多，所以大家非常沮丧。整个团队的士气低落到极点。无论项目经理小战采用什么方法，大家似乎对战胜这个困难都没有信心了。团队又气愤，又灰心，能够讨论事情，却没有履行承诺的能力。小战没有办法，只好赶紧求助于两位教练。

当许博士听到项目要延误一年才能结束时，多年的项目开发经验和直觉告诉她不会延误这么久，应该有信心把困难解决。于是，她和张博士召集项目工程师开会，将问题一个个讲给他们听。在新数据库衔接旧数据库时，由于数据库的很多字段是空的，没有对应，所以一导入就会使整个系统宕机。一方面，P项目的工程师没有发现字段空缺，另一方面，即使发现了也没有人知道要找谁来补齐相关内容。

许博士听完后告诉工程师不要慌乱，先根据当前出现的困难制定有针对性的解决方案：花两天时间做一个小的测试，然后针对其中的一个子系统，请他们做两方面的努力。一方面，在代码里加一些判断语句，如果抓取的字段是有问题的，那就不要继续操作以免宕机，此时会返回一个提示信息并中止下一步的操作，以确保系统不会无缘无故地持续宕机。另一方面，针对这些无法抓取字段的旧数据库，请A集团的熟悉和使用过旧数据库的员工加入项目团队，认真对比新旧数据库的结构以确定到底丢失了哪些具体字段，然后用新的方式把数据加上。由于花了两天做了这样一个小系统的讨论和测试，使下一步的工作变得可行。接下来，投入两个星期的时间，对所有六个子系统都进行数据库的新旧对比。在对比完成后发现：有些问题只需要找下游供应商就可以解决；还有些问题可以通过从B公司再抽调两位数据库高手来一同解决。

在两位教练的引导下，项目工程师重新恢复了可以把事情做好的信心。在有了信心、有了承诺之后，还需要协调人力资源，因为负责数据库的阿梅离职了，两位教练就让项目经理小战动员了很多工程师一起参与，尽管他们以前都不是做数据库的。两位教练判断，在阿梅离职后，任何一位工程师都无法承担处理数据库的压力，所以千万不要让一个人来接，否则这个人很快也会因为压力太大而离职。让项目经理小战多动员一些工程师一起协作，可在短时间内找出一个解决方案，等这个解决方案做顺手之后，其他工程师再回归自己的本职工作。虽然这种互相帮助增加了个人的工作量，但是大家心中被激发了奉献精神，这也使团队的氛围进一步得到了提升。

另外，许博士也专门请A集团投入了熟悉旧系统的人员（共5人），按照P项目工程师的数据库迁移用户故事，进行新旧系统对比。张博士请B公司的下游供应商进行协助，提供旧数据库迁移所需的免费技术咨询，以解决在将旧数据库迁移至新数据库时所面临的技术挑战，并从B公司快速抽调两位数据库高手一起投入P项目。

两位教练引导团队，将旧数据库迁移的工作列成用户故事，并依据工作的复杂度进行分类。可以直接迁移的归为一类，其中会直接影响最后工期的排在首位，优先完成。而对于无法直接迁移的，需要与熟悉旧数据库的团队协作，做新旧数据库对比，可对比出来的，排在第二位。新旧数据库无法对比的，排在最后，依情况处理。在完成上述规划后，再重新估算完成时间，并在每次发布规划时重新估算、排序、刺探。

在这个过程中，需要A集团的大力参与，因为旧的数据不齐全，需要知道哪些数据要，哪些不要。如果需要，则要补齐新的字段和相应数据。A集团也组建了一个团队。在这个过程中，双方的协同比之前还默契，双方的项目人员一起对比，一起查找，快速进行转换、补充和处理。

在两位教练的引导下，P项目团队最终扫清困难、排除障碍，通过自己的努力，找出根本原因，分类规划，逐一突破，再善用A集团和下游厂商的能量，一同排除前进的障碍。

四个月后，所有旧数据库的数据都已顺利迁移至新数据库。数据库的部分完全没有延误。P项目再次克服了困难，创造了奇迹。

"扫清困难，排除障碍"的升维思考

坎卦的核心意义体现在以下两个方面：一是，面对重重险难，项目领导者和团队必须适应和习惯，因为困难是不可避免的。随着坎卦的起伏和变化，我们会经历各种磨难，但这些磨难也使我们获得宝贵的经验。二是，面对各种困难和逆境，我们不能动摇自己的信仰和价值观，对未来必须怀有热切的期望，并且保持一颗充满爱的心。爱是希望的源泉，只有坚守这些，才有机会摆脱困境并取得成功。在人生最困难和最忧虑的时候，我们不能失去这些信念。

如何在动荡变幻的环境中扫清困难，排除障碍，坎卦六爻也给出了非常有价值的参考建议。

（1）扫清困难的准备  —→ 初六

面对刚刚发生的险难，如果平常没有学会应对，一定会胡乱挣扎。指望别人来救命也不现实，在困难的大环境中，项目领导者不要对任何人抱有盲目的希望，不要依赖别人。扫清困难首先要靠自己，而且必须在平时就做好应对困难的准备。如果遇到困难，临时学，解决不得法，又得不到外援，结果就会越陷越深，危机越来越大。所以，项目领导者要切忌超负荷工作，并确保及早演练应对困难的准备工作。越早开始学习如何适应困难，应对困难时效果越好，而且一定要特别小心，要遵循项目的规律，在资源和人力的使用上有所节制才不会偏离正道。

（2）扫清困难的进展 —→ 九二

如果做好了必要的应对困难的准备，在陷入险难时，不能求大得，绝对不要追求大成就。应遵循敏捷方法小步快跑的规律，"求小得"还是有机会的。在一定的安全范围内，项目领导者能够用一点资源来强化自身的实力，提高应变能力。若什么都不做，看似零风险，但是完全被动承受，不做任何努力，就会在下一波更大困难袭来时，遭遇灭顶之灾。只有在"求小得"被消化吸收后，增强自己的实力，锻炼应变能力，才能为将来更大的险难做好准备。在没有离开险难的大环境时，项目领导者一定要有忧患意识，要预防，不能想着眼前的困难过了就万事大吉，还要预防将来可能出现的更大风险，所以就需要积累实力。

（3）扫清困难的休整 —→ 六三

在前一个险难和后一个险难中的短暂喘息空间里，争取时间休息，枕戈待旦。在不能讲究的环境中，项目领导者必须练习将就；在项目艰难困

苦、资源匮乏的情况下，要能够忍，可以休息就休息。在这种艰难的时候，要看清形势，不要乱撞乱打，一动不如一静。忧愁烦恼也无济于事，索性静下心来坦然等待，恢复体力，至少度过下一波险难的机会会大一点。项目领导者要学会锻炼自己的内心并使之强大，在很危险的地方都要睡得着觉，这才能更好地应对后续的险难。

（4）扫清困难的心态 ——→ 六四

当项目处于险难和恶劣的环境时，项目领导者保持内心的乐观和强大是最关键的。面对糟糕的人生逆境，无论怎样被"虐待"，被羞辱，都能做到甘之若饴，依然过得很自在，永远不会屈服和放弃。对于别人的粗鄙、怠慢，还要虚心接纳，坦然接受，绝不赌气误事。同时，再困难都要始终保持与外界的联系和微妙的互动沟通，永远开一个小洞，引进光明，在最恶劣的环境中，都始终抱持一份希望。争取在患难中建立同盟，有了患难之交，就有可能引入强大的外援，就有希望最终战胜险难。

（5）扫清困难的典范 ——→ 九五

即使自己高居尊位，面对险难有自保的能力，项目领导者也绝不要骄傲自满，而要宽宏大量，能够包容。就算与其他干系人有不同意见，也要包容异见，彼此善意地进行互动，不要试图掩盖问题，而要帮助干系人一起脱险，共同获得解脱，和平共存。在险难中，切记一定要团结一切的力量，包容一切的矛盾。

（6）扫清困难的禁忌 ——→ 上六

如果以上扫清困难的各项要点都没有做好，不走正道，不从之前的险难中吸取经验教训，不做好各种准备，不采取行动增强自身能力，不保持

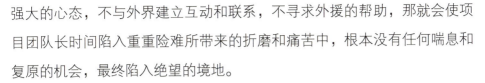

强大的心态，不与外界建立互动和联系，不寻求外援的帮助，那就会使项目团队长时间陷入重重险难所带来的折磨和痛苦中，根本没有任何喘息和复原的机会，最终陷入绝望的境地。

"扫清困难，排除障碍"的降维打击

在面对项目内外的各种困难和挑战时，项目领导者要能保持超出常人的天赋力量的状态，使团队展现出坚定的信心。他们既不会因过于自信而轻率承诺，也不会因恐惧和缺乏勇气而缺乏承诺。相反，他们能够调整团队成员的状态，勇于做出真正的承诺，并通过这份承诺的力量坚持不懈地带领团队走出困境。这样的承诺已经超越个人私利，更加注重服务和奉献精神，使团队创造出更好的项目成果和客户体验。

为了精准地实施"扫清困难，排除障碍" 这一项目领导力进度的要点，项目领导者非常有必要准确分析团队目前的状态，有针对性地采取措施，做到有的放矢，避免项目领导力落入"没有力量"和"负面力量"的状态，至少要维持在"天赋能量"的状态，甚至达到"成就力量"或以上的状态。

（1）没有力量的状态：畏惧（项目领导力状态31）

项目领导者若缺乏分析客户的能力，那么当项目面临困难和挑战时，即使其能力远远超出所需的能力范围，他们也不能或不愿意辨别。由于内心的恐惧，项目领导者无法有效地应对可能出现的困难，无法实现所做的承诺，最终导致项目团队无法交付客户期望的结果，造成项目失败。在前面的案例中，负责新数据库的阿梅在项目进度受阻和巨大的压力下逐渐失去信心，感到无力面对困难，心生绝望，最终选择离职，就属于这种情况。

（2）负面力量的状态：失信（项目领导力状态32）

项目领导者在面对项目内外的压力和挫折时，缺乏自信和能力，不敢做出真正的承诺，或者做出承诺后又迅速撤销（向压力和挫折妥协），对

他人对自己的期望心生愤怒。因此，项目团队倾向于只讨论事情，却没有履行承诺的能力，导致客户对团队失望，感觉团队不可靠。在这种情况下，挫败感和羞愧情绪会在团队中蔓延，使项目陷入危险。在前面的案例中，在阿梅离开后，项目团队既为她抱不平，又更加悲观，都非常灰心丧气，大家似乎对战胜这个困难根本没有信心了，团队又气愤，又灰心，只说不做，就属于这种情况。

（3）天赋力量的状态：承诺（项目领导力状态33）

项目团队在面对项目内外的压力和挫折时，不会屈从于别人的压力和期望，敢于做出真正的承诺。承诺来自团队成员内在的生命力和内心驱动力，是充满活力的动力。项目团队用明确的决心为项目创造成功的条件。团队成员善于化承诺为实际行动，依靠承诺的力量坚持不懈，帮助自己和团队通过险境。因此，项目团队交付客户的成果质量也得到不断提高。在前面的案例中，项目团队在两位教练的帮助下，克服了慌乱、气愤的情绪，通过一步步卓有成效的行动，重新恢复了信心，大家一起投入，营造了良好的氛围，就属于这种情况。

（4）成就力量的状态：信心（项目领导力状态34）

项目领导者在面对项目内外的压力和挫折时，敢于向客户承诺更多的服务。他们全身心地投入项目生命周期中的每个决策，做出明确的承诺，同时展示未来的道路，为项目干系人带来安宁和温暖。项目的成功与团队的明确承诺直接相关。这是因为项目领导者十分确定他们所坚持的方向、内在的驱动力和活力，即使面对看似无法成功的方向，也能发现带领团队成功实现项目目标的机会。项目领导者和团队的承诺应充满服务精神，不带有自私的痕迹。他们能够将自己的承诺转化为项目干系人对项目的信心，使项目干系人坚信团队能克服困难，排除障碍并取得成功。通过持续实现承诺，项目团队能驾驭创新的力量，充分运用敏捷方法，创造超出客户期望的、令人惊艳的项目交付成果。在前面的案例中，在两位教练的帮助下，A集团熟悉旧数据库的人员一起参与了项目，B公司下游的供应商也提供了免费的技术咨询，还从B公司内部快速调来两位数据库高手，大家共同努力，齐心协作，最后成功战胜困难，没有延误进度，就属于这种情况。

（5）完美力量的状态：虔诚（项目领导力状态35）

项目领导者在面对项目内外的重重阻力和险难时，有诚信维系在心，能豁然贯通，刚毅中庸，不断前行以取得成功。随着组织不断前进，项目领导者对客户承诺的服务也将增加。在组织发展的旅程中，项目领导者将不断为更高的目标而献身。随着组织水平的不断提高，项目领导者的"承诺"就更具有牺牲和奉献精神。项目领导者的这种虔诚的奉献精神使项目团队能够战胜一切艰难险阻，扫清困难，排除障碍。项目领导者最终将领导团队交付完美的成果，获得高绩效，成为当之无愧的典范和榜样。

项目领导力原则 8：营造喜悦，有效交付（兑卦）

5D项目领导力案例第10篇

"兹定于12月16日周五晚于喜悦大酒店庆功厅举行P项目总结分享会，欢迎Z项目负责人施经理光临指正。"

看着B公司一把手王总亲自让秘书送来的邀请函，B公司的Z项目经理小施不禁想起三年前当他和小战刚刚一起完成公司的X项目，小战就被公司突然征召到重点P项目担任项目经理时犹豫、忧虑的心情，那时小施还在心里暗暗庆幸自己逃过一劫。过去，在B公司做项目时，通常会遇到两种情况：一是项目经理在整个项目中，通常处于焦虑不安的状态，对于未来的进展总会感到紧张和有压力，项目内外的干系人关系总是不和谐，项目团队也消极应对；二是项目干系人对项目进展不满，项目经理不得不通过干预来平息，干预最后变成干扰，进一步使项目干系人感到不满意。所以，B公司的项目经理都会事先打听自己的客户好不好打交道，如果客户很难"伺候"，项目经理可就苦不堪言了。

大家都知道P项目是个难啃的骨头，B公司为其换了好几任项目经理。甲方A集团极为重视P项目，施加的压力很大，并且需求也一直在变。与A集团的很多委外项目一样，好不容易软件开发已告一段落，不承想在将软件提交给A集团测试时，A集团的各层级领导者和基层员工都不满意，说软件不符合现在的真实需求。好不容易开发出了大家都满意的软件，突然又说A集团的业务环境和工作流程已经发生改变，该软件已经不再有应用价值。在项目开发过程中，一会儿因为疫情导致供应链中断，一会儿在数据迁移时发现新旧数据库无法对接。项目干系人也不省心，有时项目核心团队成员军心动摇，有时关键技术干系人突然无法承受压力而离职。甚至连A集团的一把手在中途也更换了，上来就劈天盖地地提了很多以前从来没有提过的要求……

小施一直以为半途仓促顶上的小战在P项目中撑不了很久，没有想到的是，小战及时拉来了外援，据说在OPMA的两位专家许博士和张博士参与后，采用了与传统项目管理完全不同的敏捷项目管理方式，他们采用的项目赋能方法也极为有效，不仅稳定了军心，而且项目越做越好，在克服了各种各样的困难后，现在，项目居然被顺利验收了。不仅如此，双方的高层也都非常满意，在这次P项目的总结分享会上，A集团和B公司的一把手都会亲自参加。B公司的王总在公司内部的项目管理例会上感慨地说，现在B公司已经有1万人了，也有很多正在进行的重点项目，但是很多项目的客户也和P项目之前遇到的情况一样：客户并不满意。希望这些重点项目的负责人都能来看看这次P项目的总结分享会，观摩一下，感受一下，学习一下，争取在自己的项目中也营造出P项目现在的氛围。

小施曾经请教过小战类似的问题，小战却神秘地说，在两位教练的参与和辅导下，他学到了很多在培训课程中无法想象的实用方法。例如，两位教练在每两周交付后举行的项目回顾会议上有个做法就会产生特别神奇的效果。

在小施特意招待了一顿丰盛的大餐后，小战终于透露了两位教练在项目回顾会议上的"秘诀"——感谢仪式。小战回忆道，感谢仪式是由甲乙双方共同参与的，通常约有30人参加，在例行的项目回顾会议开始时，许博士会问：现在有没有人想上来分享一下，针对这次交付，说说你想特别感谢的人？许博士会引导P项目的所有团队成员（包括A集团和B公司的P项目成员）进行感谢，想表达感谢的人先举手，然后口头说明要感谢的人和事由。会后若有补充，也可以把自己要感谢的人和事写在小卡片上，并贴在旁边的墙上。就这样，无论表达感谢的人还是被感谢的人，他们的状态都会改善很多，整个团队的氛围也因此大为改善。

"就这么简单？"小施惊讶地问。

"是啊。"小战感叹道，"你回想一下啊，在之前的项目回顾会议上，没有感谢仪式，甲乙双方很容易相互指责，彼此施压，怒目相向。而经过这样一个感谢仪式后，大家仿佛换了个人，先表达感谢，再讲如何改进。对于下次交付将有哪些改进，怎么改进，谁担责，什么时候改善完毕，都会讲得很清楚。而且神奇的是，在接下来的过程中，大家的态度都特别好，互相体谅，互相支持，都在以怎样在自己的能力范围内，尽力把项目做好为出发点进行讨论。人还是那个人，只是在会议中增加了一个环节后，人的态度和状态就完全不一样了。"

"那么，会不会遇到没有人上来分享的窘境呢？"小施追问道。

"我一开始也有这样的疑虑。"小战笑着说，"我甚至建议许博士，可以规定让每个人都说一下。许博士却说，如果让每个人都必须感谢，就会流于形式，所以采用邀请的方式，让感谢人自愿上台，想说就说，分享时长可以控制在30分钟内。前几次可能需要靠敏捷教练带动气氛，后面就慢慢热络起来了。而且我还发现了一个规律：除非团队成员的年龄都较大，否则年轻人都愿意感谢和分享，也勇于表达感激之情，也许年纪大的人会拘束一些。不过你也知道，在公司目前的项目团队中，还是年轻人多。"

"还是外来的和尚好念经啊。"小施好像若有所思，"看来，聘请外部敏捷教练是非常有意义的，不光带来了敏捷的思维、工具和方法，更重要的是，还有利于调整和改善团队的氛围。"

"你说到点子上了。"小战深有同感，"我开始也以为外部敏捷教练的作用就是给我们提供一些不一样的做法和思路。现在才发现，有他们的参与，上下级干系人的沟通就会变得更顺畅，项目的氛围就会变得更好。无论是与高层、其他职能部门沟通还是与团队沟通，外部敏捷教练会看得更清楚，分析问题也更客观，重要的是，和他们沟通完全没有顾虑。不知不觉，他们就成了组织内部沟通的促进媒介和缓冲地带。在他们的带动下，各方干系人都特别容易调整好自己的状态和态度。P项目的技术负责人小任和技术骨干李博士，也都在他们的指导下解决了自己的问题和困难，这一点是我事先完全没有想到的，他们实现了我们这些内部人员都无法实现的效果。如果只是借鉴一下工具、方法和思路，那么在几个月后等大家都学会了，敏捷教练似乎就可以不用参与项目了。我听许博士说，一个组织在刚开始导入敏捷思维和做法时，必须要聘请外部敏捷教练，因为导入敏捷意味着文化的改变和新的好习惯的养成，这非常不容易。如果只有团队自己导入，没有外部敏捷教练的谆谆教诲，那么在新的好行为还没有形成好习惯之前，通常只会在培训课后做出不同以往的选择，但最终还是旧习惯"当家作主"，因为活在自己的舒适圈中最舒适。殊不知，这样的行为会让项目和团队走回恶性循环、失败的老路。正因为敏捷教练在赋能和沟通上起到的独特作用，以后只要条件许可，我希望他们可以一直协助我们攻坚克难。在敏捷教练接手P项目后，如果他们没有参与校准愿景那个环节，大家不会那么容易说出心中的想法，也就根本无法达到效果。在特殊的干系人管理方面，例如，在A集团更换总裁后，如果不是他们居中斡旋，根本不可能挡掉干扰，按期交付。还有因疫情导致的硬件供应问题、新旧数据库的对接问题，如果没有他们的帮助，项目起码要延误一年以上……有敏捷教练在，项目团队的状态才得以稳定住，才不会掉到热度状态的及格线之下，项目才得以在大家都很愉悦的氛围下顺利进行，才能完成有价值的交付，确保干系人满意。"

"看来，我应该建议公司为重点项目都配上外部敏捷教练啊。"这个想法从小施心中油然而生。看着手中的邀请函，小施顿时非常期待："一直听别人说，P项目每年一次的总结分享会很有特色，是以鸡尾酒会的形式举行的。而在以前，A集团和B公司的项目总结分享会通常是非常正式的、非常严肃的，会议室里的气氛也是冷冰冰的，一张会议桌，每个人木木地坐在那里，总结会上免不了都要进行检讨，然后等着挨骂。现在，P项目的总结分享会居然采用这么轻松的方式，既可以学习新的知识，又可以和人分享，可以喝鸡尾酒，还可以领到小礼物。参加过的人无不拍手叫好。这次我一定要好好感受一下，顺便再和两位教练混个脸熟，争取让他们也到我的项目中指导团队。"

华灯初上，小施来到能够容纳200~300人的喜悦大酒店庆功厅。在会场入口前的墙壁旁，很多人正驻足欣赏，称赞之声不绝于耳：

"哇，A集团有这么多委托外包的项目，我从来没有看到过哪个项目有这么多人互相感谢。在我们的很多项目中客户经常抱怨，真应该让那些项目负责人来看看这个项目是怎样收到这么多客户感谢的。"

快要走到会场门口时，小施也忍不住凑上去一看，原来在通往大会场的入口旁边的墙上贴满了P项目成员互相感谢的卡片。所有出席当晚总结分享会的来宾在入场前都会经过这面墙。在这面墙上，贴满了每次项目回顾会议上收集的感谢卡。事实上，在每年年底的项目总结分享会上都会汇总当年所有的感谢卡，而在这次P项目的最终总结分享会上甚至把这四年来所有的感谢卡全都贴了出来，场面极为壮观。所有来宾在走过这面长长的感谢墙时，自然会感到无比震撼。在来宾中，小施看到了B公司好几个项目的领导者和团队成员，他们之前还一直在询问，没有收到邀请函能不能也来学习一下P项目的好做法。原来，不管是项目团队还是其他经理，只要有兴趣，就可以参加这个晚会。看来，A集团和B公司也想借这个机会让其他有兴趣的团队都能学习如何营造P项目这样的有助于项目成功的氛围。

晚上六点，P项目的总结分享会正式开始，在双方的一把手分别致辞后，A集团颁发奖项以表彰在这一年做得好的B公司项目团队成员。随后，许博士和张博士也以组织项目管理协会（OPMA）的名义为在P项目中表现出色的A集团成员颁发年度最佳PO奖，并给大家做20分钟的项目管理前沿知识分享，涉及很多对项目团队有用的PM概念。此外，许博士还勉励P项目的成员，期待他们在经历了这次敏捷项目的历练后，未来可以成为公司内部其他项目团队的敏捷教练。

许博士再次强调，这次总结分享会也是分享欢乐会，用意是公开表彰双方组成的团队，认可大家共同努力的成果，同时也要慰劳大家，让大家吃好喝好玩好。

在表彰和颁奖环节后，由甲乙双方各个管理层级和团队的代表发表感言。发言的代表无一例外，都会用感谢开场，讲一下今年他们学到了什么，哪些经验可以分享，哪些环节需要持续改进，大家都怀着愉快的心情来做分享。

小施一直在观察，他发现上台的每个人都充满活力，场面温馨，很放松，也很享受分享的这个过程。鸡尾酒会开始了，所有的来宾都在欢声笑语中愉快地交流。置身于这样喜悦的场面，小施也很感动，心里暗想，难怪所有团队成员都很喜欢把以前很严肃的项目总结会转换成这样的场景。在这种氛围下，即便那些以前不喜欢且不想参加这类总结会的团队成员也一定很期待在辛苦的项目工作后，能在每个年底都有这么一场欢乐分享的鸡尾酒会！看来，以后必须学会使项目中的团队氛围和成员状态也达到和保持这个状态，才能确保项目在动荡复杂的巨变环境中取得成功。几杯美酒下肚，

> 小施感到浑身充满了活力和信心，他一边在心里想象明年年底也能
> 为自己的项目举行这样一场令人期待的晚会，一边加快脚步，朝着
> 会场中被许多人围着的许博士和张博士走去……

"营造喜悦，有效交付"的升维思考

兑卦象征着"愉悦、欣悦"，卦象描绘了两个泽水相连，相互浸润的景象，寓意"欣悦"之义。刚中带有柔性的愉悦能够使事情持续进行，让项目顺利开展。当愉悦在项目工作前方时，团队会"忘记"疲劳；当愉悦在危难前方时，团队愿意"舍生忘死"。因此，愉悦在项目团队中起着重要的激励作用。

兑卦的核心意义包含三个方面：一是，喜悦应该建立在守持正道的基础上，只有产生真正的价值，才能带来真正的愉悦。正如"泽以润生万物，所以万物皆悦"和"人君以恩惠养民，民无不悦也"所描述的，不应仅出于满足个人私欲而追求愉悦。二是，项目领导者应保持真诚和谦逊的态度，对待他人温和且顺从，即"刚中而柔外"，这样才能与人友好相处，激发团队成员的积极性。最后，要广交朋友，互相学习，一同探索，分享见闻，彼此切磋，通过交流中的相互滋养和浸润实现共同提升。

如何在动荡变幻的环境中营造喜悦，有效交付，兑卦六爻也给出了非常有价值的参考建议。

（1）营造喜悦的氛围
→ 初九

项目领导者讲话心平气和，和颜悦色，耐心与基层员工交流，打动人心，营造一个良好的氛围，打消项目干系人的疑虑。如果引起别人的猜忌，就无法开展下一步的行动，所以从一开始就要想办法消除猜疑。

（2）营造喜悦的态度  九二

项目领导者营造了和谐的氛围，留下了良好的第一印象，双方融入情境之后，就可以进一步建立互信，让项目干系人相信你的志向、你心中的主张，展现自己的满腔欢喜和赤诚，让他们接受、信服，通过这样的沟通来说服，来相互感动，就可以让你的想法和做法通过项目交付的成果来实现，达到实质性的效果和价值。

（3）营造喜悦的禁忌 ⟶ 六三

项目领导者如果不懂得含蓄，反而心浮气躁，急功近利，操之过急，还没水到渠成，就想着摊牌，太急切，太露骨，强人所难，口惠而实不至，自以为一表态就可以达到目的，急于敲定，这会引起项目干系人的反感和警觉，达不到效果，最终功亏一篑。

（4）营造喜悦的功效 ⟶ 九四

只有真正知道和了解项目干系人的"心病"在哪里，他们因为什么而忧虑不安，并且通过及时的、有价值的项目交付成果，缓解他们来自高层的压力，真正解决项目干系人的烦恼，才能带给他们真正的愉悦，才能造福基层和客户，达到皆大欢喜、普天同庆的效果。

（5）营造喜悦的误区 ⟶ 九五

如果项目领导者太过威严，下级看不到上级的笑容，也摸不清楚上级的喜怒哀乐。上下级的关系就很艰难，有时要靠揣摩上意，有时要靠打听小道消息，这样下级就会非常痛苦。没有办法营造愉悦的氛围，也就没有办法交付令人满意的项目交付成果。

→ 上六

（6）营造喜悦的吸引

在项目管理中，通过巧妙运用兑卦的特质，项目领导者可以以含蓄、内敛的方式引导项目干系人，悄然施加影响力，以实际行动展现出强大的力量。这种方式能够产生不可抗拒的吸引力（"浅浅一笑迷死人"），使项目干系人沉浸其中，内心充满欢喜，从而逐渐达到完全引导项目干系人的目的。

"营造喜悦，有效交付"的降维打击

在项目管理中，优秀的项目领导者能够克服对未来的焦虑和紧张情绪，保持良好的能量状态，不干扰项目自然的节奏和状态。他们懂得在项目内外营造愉悦和欢乐的工作氛围，充分发挥团队和其他干系人的活力和积极性，团结一致朝着更高的项目目标前进。这样的项目领导者能够带领团队取得卓越的项目成果，为客户带来出色的体验。

为了精准地实施"营造喜悦，有效交付"这一项目领导力进度的要点，项目领导者非常有必要准确分析团队目前的状态，有针对性地采取措施，做到有的放矢，避免项目领导力落入"没有力量"和"负面力量"的状态，至少要维持在"天赋能量"的状态，甚至达到"成就力量"或以上的状态。

（1）没有力量的状态：不满（项目领导力状态36）

项目领导者在项目交付成果的过程中，总是处于焦躁不安的状态，感受不到喜悦的气氛，对于未来会怎样，总是感到紧张和有压力，无论做了什么努力，总是觉得不满意。在项目领导者的影响下，项目内外的干系人关系总是不太和谐，项目干系人在各方面都不满意，团队没有正确应对，以消极的态度对待项目。项目的失败使各方都不高兴，最终无法交付客户想要的结果。在前面的案例中，项目经理小施过去在B公司做项目时，经

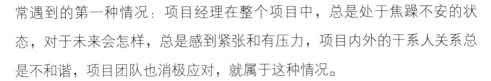

常遇到的第一种情况：项目经理在整个项目中，总是处于焦躁不安的状态，对于未来会怎样，总是感到紧张和有压力，项目内外的干系人关系总是不和谐，项目团队也消极应对，就属于这种情况。

（2）负面力量的状态：打扰（项目领导力状态37）

项目领导者在项目交付成果的过程中，会因为始终不满意现状，而不断产生各种打扰项目正常节奏的做法。项目领导者有意或无意地打断和干扰团队正常的工作状态，会进一步导致团队成员感到不舒服和不愉快，彼此都没有信心。面对项目干系人对项目进展的不满，如果项目领导者仅自说自话，通过干预来平息，这种干预最后将变为"干扰"，可能进一步使项目干系人感到不适和不满意。项目领导者无法领导团队同心同德地向客户交付成果，团队渐渐远离成功的"喜悦"，导致项目陷入危险。在前面的案例中，项目经理小施过去在B公司做项目时，经常遇到的第二种情况：项目干系人对项目进展不满，项目经理不得不通过干预来平息，干预最后变成干扰，进一步使项目干系人感到不满意，就属于这种情况。

（3）天赋力量的状态：活力（项目领导力状态38）

项目领导者在项目交付成果的过程中，努力激发团队和其他干系人的活力和积极性，营造愉悦的工作氛围，不打扰别人的工作状态，让每个人安心发挥自己的特长，产生创意和创新，做出好的成果，项目干系人自然也变得更加喜悦。项目领导者在项目内外，提倡正确的与人相处之道，尊重他人，和善友爱地与人交往，说话和颜悦色，营造项目干系人心情舒畅、和谐融洽、吉祥顺利的氛围，项目因此充满了生命力和活力。

和谐融洽来源于生命力和活力，项目领导者为了开创和谐的局面，在项目内外坚持原则，明辨是非，项目领导者带领团队，充满活力地实现项目对客户的有效交付（项目成果的质量得到不断提高），创造使客户满意的产品和服务，并与项目干系人持续地享受和谐融洽的喜悦。在前面的案例中，项目经理小战提到的在每次项目回顾会议上由许博士主持的"感谢仪式"，通过在公开的场合，大家自愿分享自己感谢的人和事，或者将感谢的内容写在小卡片上，贴在墙上，这种做法大大改善了整个团队的氛围，就属于这种情况。

（4）成就力量的状态：感动（项目领导力状态39）

项目领导者在项目交付成果的过程中，带领项目干系人不断营造喜悦的氛围，将项目的生命力激发到一个新的"服务的感动"阶段，使项目干系人无比感动。这种感动持续地维持和充实着项目的生命力，在上下相和，内外团结，相互尊重，切磋共进的环境下，项目领导者带领项目干系人学会与生存环境达到深层的和谐，跨入生命力的新阶段。在项目领导者的带领下，项目的生命力将摆脱限制与约束，寻求释放，其最自然的途径就是"服务"。

这不是指单纯地试图帮助他人，而是让项目干系人提升能量和活力，适时应用敏捷方法，服务于项目所需的所有领域。项目领导者因此带领团队创造出大大超出客户期望的、惊艳的成果，并从中与项目干系人一起享受服务的感动。在前面的案例中，在P项目每年年底的项目总结分享会和最终的总结分享会上，会场门口贴满的感谢卡让大家不由得发出惊叹，与其他项目（通常会有大量的客户抱怨）相比，P项目居然获得这么多来自甲乙双方的感谢和认同，大家之前都特别不愿意参与的、气氛冷冰冰的项目总结分享会，居然可以变得这么有趣好玩，这么轻松愉悦，这么感人肺腑，就属于这种情况。

（5）完美力量的状态：喜悦（项目领导力状态40）

在项目交付成果的过程中，项目领导者能够坚守正道，光明正大，心志诚信笃实，尊重和气，与人和悦，从"喜悦"的状态不断升华，项目的活力越来越强，达到顶峰。项目领导者在对未来有更清晰认知的基础上，愈加深入关注当下，使生命力、活力进一步渗透到项目干系人的意识和文化之中。在项目领导者的带领下，项目干系人的"喜悦"成为常态，这种自觉状态根植于项目中。

这时的项目具有"去中心化"的特点，"喜悦"成为每位项目干系人的觉悟，将有力地抵御内外部负面情绪的侵蚀。"是以顺乎天而应乎人"，既顺乎天理又符合人情，团队中人人以喜悦为先，出力时忘记疲劳，冒险时忘记生死，遇事自勉，奋发向上。由此，项目领导者带领团队创造出完美的成果，获得高绩效，完美实现了项目的价值，成为当之无愧的典范和榜样。

第八章

PL5D与项目管理体系对照

本章将PL5D与最新的PMP®考纲和华为的H5M项目管理能力认证模型进行对照，读者可单独使用本书的PL5D，也可以在通过PMP®认证或HCSA-PM认证之后，将所学内容与本书结合并应用于项目领导工作中。有关于PL5D在PMP®考纲和H5M模型中的应用，将分别在PL5D的各维度中说明。

我们期望本书不仅能帮助各项目在巨变时代成功创造价值，也能够为国内超过50多万PMP®持证人员提供有价值的项目领导力实操方法；为国内每年超过10万的项目管理知识体系的学习者提供有益的参考；为广大粉丝和公司高管提供一个系统、完整的项目领导力教材；提供一个领导力和赋能领域基于国内文化和实践的有着全新视角的蓝本。

以 PL5D 视角对照 PMP® 考纲

PMP®考纲与考题的转向更有助于实际项目工作。项目成功的定义已不再局限于按时、按质、按预算完成项目工作，而是要为客户和项目所在的组织创造价值。因此，学习项目管理不再只是丰富项目经理的知识，更要能将知识应用于实际工作并创造价值。

旧版项目经理能力金三角[15]包含项目管理专业技能、战略与经营管理、领导力。在旧版PMP®考纲中，过程（项目管理专业技能）占50%，人员（领导力）占42%，业务环境（战略与经营管理）占8%。在巨变时代，人的因素变得更为重要，有别于以往的项目管理技术，占100%，其中项目经理校准愿景与领导团队的领导力占50%。

新版项目经理能力金三角[15]更新为工作方式、商业敏锐度、影响力技能。我们注意到，旧版中的领导力（Leadership）在新版中改为了影响力技能（Power Skills）。从PL5D的视角来看，影响力是指处于热度状态及格线及以上的正向项目领导力状态（对应项目领导力热度状态阶梯图的第9~16级，见图3-1），影响力技能就是让自己能够达到正向项目领导力状态所需的技能（能发挥有效影响力，确保项目成功）。

项目经理能力金三角的新旧版对照如图8-1所示。新版的改变或许更加强调，在领导力中保持确保项目成功所需状态的技能是极为重要的。

图8-1　项目经理能力金三角的新旧版对照

除了《PMBOK®指南》（第7版）的大改版，PMP®考纲也做了大幅度的修改，考题都是贴近实际项目的实务情境题，使通过PMP认证考试的项目经理更能将所学实际应用于工作中，为自己及所属的组织创造价值。图8-2与表8-1为PL5D与PMP®考纲的对照，读者由此可了解考纲中的领域任务与项目领导力维度之间的内在联系，进而在实际项目工作中，根据PL5D对应的原则来提升自己的领导力状态，带领团队取得项目成功。

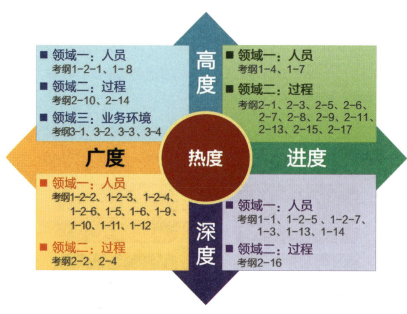

图8-2　PL5D与PMP®考纲对照

表 8-1　PL5D 与 PMP® 考纲对照表

PL5D	PMP® 考纲（任务的具体内容见 PMP® 考纲）
高度	领域一：人员
	任务 2：领导团队（设定明确的愿景与使命）
	任务 8
	领域二：过程
	任务 10
	任务 14
	领域三：业务环境
	任务 1
	任务 2
	任务 3
	任务 4
广度	领域一：人员
	任务 2：领导团队（支持多样性和包容性，重视服务型领导，确定适当的领导力风格，分析团队成员和干系人的影响力，区分领导各类团队成员和干系人的不同选项）

续表

PL5D	PMP® 考纲（任务的具体内容见 PMP® 考纲）
广度	任务 5 任务 6 任务 9 任务 10 任务 11 任务 12
	领域二：过程
	任务 2 任务 4
深度	领域一：人员
	任务 1：管理冲突 任务 2：领导团队（启发激励并影响团队成员 / 项目干系人） 任务 3 任务 13 任务 14
	领域二：过程
	任务 16
进度	领域一：人员
	任务 4：向团队成员和项目干系人授权 任务 7
	领域二：过程
	任务 1 任务 3 任务 5 任务 6 任务 7 任务 8 任务 9 任务 11 任务 12 任务 13 任务 15 任务 17

以 PL5D 视角对照 H5M 华为项目管理能力认证模型

HCSX-PM项目管理认证体系基于华为20多年的项目管理实践经验和H5M模型：Mission（使命必达）、Manager（团队领导）、Management（步步为赢）、Mechanism（保驾护航）、Max-value（价值为先）五大模块。

PL5D与H5M模型的对应关系为：高度对应使命必达；广度对应团队领导；深度对应价值为先；进度对应步步为赢和保驾护航，如图8-3所示。

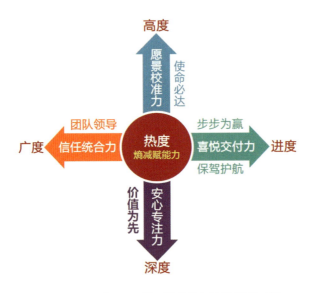

图8-3　PL5D与H5M项目管理能力认证模型对照

1. 高度：使命必达

在华为的H5M模型中，"使命必达"代表认知思维和必胜的信念，源自自身的认识和信念，寻求必胜的动机和欲望。必胜的信念和信仰代表着项目领导者达到了PL5D热度中至少第11层级——"主动和乐观"的状态。这部分内容和PL5D中的高度密切相关。项目领导者的必胜信念（使命必达）在项目领导力中必须体现出，为团队成员建立了愿景和使命，指明方向，并在应对变化和变革时提供重要支撑。

根据作者的项目实践经验与辅导经验，"高度：明确战略，紧盯愿景"和"高度：迎接改变，竞争卓越"中的升维思考和降维打击要点，将为"使命必达"项目管理能力的顺利实现提供有力保证。

2. 广度：团队领导

在华为的H5M模型中，"团队领导"是指基于价值的要求，对团队进行系统的管理，以应对干扰，从而实现项目目标和反馈改进。"团队领导"对应的领导力要求项目领导者应达到PL5D热度中至少第10层级——"信任与可靠"的状态。这部分内容和PL5D中的广度密切相关。项目领导者有效并系统地对项目干系人进行管理（团队领导）。"团队领导"在项目领导力中必须体现出，面对广大的项目干系人，项目领导者能够统合对立，建立信任，以及柔和引导，团结和凝聚人心。

根据作者的项目实践经验与辅导经验，"广度：统合对立，建立信任"和"广度：柔和引导，如沐春风"中的升维思考和降维打击要点，将为"团队领导"的顺利实现提供有力保证。

3. 深度：价值为先

在华为的H5M模型中，"价值为先"代表对项目价值的诉求，创造和驱动价值最大化。追求项目和客户价值的最大化，代表着项目领导者达到了PL5D热度中至少第11层级——"主动和乐观"（成就爱）的状态。这部分内容和PL5D中的深度密切相关。追求项目和客户价值的最大化（价值为先）在项目领导力中必须表现出，项目领导者能够心甘情愿地放下私欲，乐于奉献。

根据作者的项目实践经验与辅导经验，"深度：挡掉干扰，安心专注"和"深度：放下私欲，乐于奉献"中的升维思考和降维打击要点，将为"价值为先"项目管理能力的顺利实现提供有力保证。

4. 进度：步步为赢和保驾护航

在华为的H5M模型中，"步步为赢"代表项目领导者能够跨专业、跨阶段、跨组织集成地进行排兵布阵。要想实现项目运作关键路径的拉通集成，代表着项目领导者达到了PL5D热度中至少第9层级——"勇气与坚韧"的状态。这部分内容和PL5D中的进度密切相关。项目领导者能够跨专业、跨阶段、跨组织集成地进行排兵布阵（步步为赢）。在项目领导力中必须体现出，项目领导者在进度上能够扫清困难，排除障碍，并用心营造喜悦的氛围，及时、有效地交付对客户最有价值的成果和服务。

此外，"保驾护航"代表了企业级的组织活力和能力保障机制。能够做好组织活力和能力保障，代表着项目领导者达到了PL5D热度中至少第10层级——"信任与可靠"的状态。这部分内容也和PL5D中的进度密切相关。做好组织活力和能力保障（保驾护航）在项目领导力中必须体现出，项目领导者在进度上扫清困难，排除障碍，小步快跑，以及用心营造喜悦的氛围，及时、有效地交付对客户最有价值的成果和服务。

根据作者的项目实践经验与辅导经验，"进度：扫清困难，排除障碍"和"进度：营造喜悦，有效交付"中的升维思考和降维打击要点，将为"步步为赢"和"保驾护航"这两种项目管理能力的顺利实现提供有力保证。

PL5D 视角下项目全生命周期的领导力关键要点

在华为的H5M模型中，"步步为赢"给出了描述项目管理全生命周期的"三招九式"。**第一招：定方向，做正确的事；第二招：找方法，正确地做事；第三招：看结果，把事做正确。**华为的"三招九式"很好地用中国人熟悉的语境，把时间排序的项目管理全过程的动作要点清晰整理了出来，为广大项目管理实践者提供了很好的指导。

那么，从项目领导力的角度来观察，在项目管理全生命周期中，每个不同的阶段（定方向、找方法、看结果）到底有哪些项目领导力的关键要点呢？

下面我们就将PL5D对照到华为H5M模型的项目管理全生命周期中，以方便大家更好地理解在项目管理全生命周期的不同阶段应该做好哪些领导力关键要点。PL5D与华为H5M模型的项目管理全生命周期的对应关系，如图8-4所示。

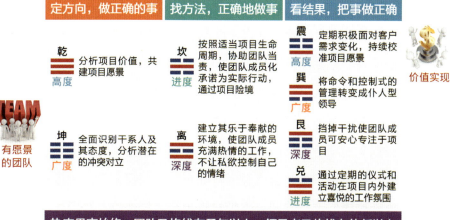

图8-4　PL5D与H5M项目管理全生命周期的对应关系

在具体介绍项目全生命周期的领导力关键要点前，需要说明的是，在项目全生命周期的不同阶段，高度、广度、深度和进度的相关内容其实是互相配合、彼此协同的，只是在某个阶段，某个维度中的某个领导力原则会发挥比较突出和显著的作用。下面，本书就按照华为H5M模型中项目管理全生命周期的三个阶段对各个阶段比较突出的领导力关键要点分别进行介绍和说明。

1. 第一阶段"定方向，做正确的事"的领导力关键要点

这个阶段通常发生在项目可行性分析到项目在组织内部正式立项和任命项目经理期间。在这个判定项目是否可做的关键阶段，项目领导力发挥关键作用的是，高度中"为何而战"的"明确战略，紧盯愿景"和广度中"为谁而战"的"统合对立，建立信任"。因此，在项目全生命周期的这个阶段，领导力关键要点有2项，分别是：

（1）乾：分析项目价值，共建项目愿景。

（2）坤：全面识别干系人及其态度，分析潜在的冲突和对立。

2. 第二阶段"找方法，正确地做事"的领导力关键要点

这个阶段通常发生在组建项目团队到项目规划结束后的项目启动会期间。在这个项目"预则立，不预则废"的关键阶段，项目领导力发挥关键作用的是，在组建团队时能否将个人目标和项目愿景紧密结合，让团队成员从内心做到自我驱动（深度中的"放下私欲，乐于奉献"），以及在规划时能否根据实现项目目标所面临的各种实际困难选择正确的项目生命周期，并跨专业、跨组织地整合资源，排兵布阵，明确职责（进度中的"扫清困难，排除障碍"）。因此，在项目全生命周期的这个阶段，领导力关键要点有2项，分别是：

（1）坎：按照适当的项目生命周期，协助团队当责，化承诺为实际行动计划，以便顺利通过项目险境。

（2）离：建立乐于奉献、薪火相传的机制和环境，使团队成员充满热情地工作，不让私欲控制自己的情绪。

3. 第三阶段"看结果，把事做正确"的领导力关键要点

这个阶段通常发生在项目实施、监控和收尾期间。在这个项目（纸上得来终觉浅，绝知此事要躬行）的关键阶段，项目领导力发挥关键作用的

要点是，在高度中如何应对风险和变化——"迎接改变，竞争卓越"；在广度中如何更好地调动项目干系人——"柔和引导，如沐春风"；在深度中如何知所进退，减少无价值行为——"挡掉干扰，安心专注"；在进度中如何通过定期的仪式和活动建立令人愉悦的工作环境以加快交付——"营造喜悦，有效交付"。因此，在项目全生命周期的这个阶段，领导力关键要点有4项，分别是：

（1）震：积极面对客户需求的变化，持续校准项目愿景。

（2）巽：将命令和控制式的管理转变成仆人式领导。

（3）艮：挡掉干扰使团队成员可安心专注于项目。

（4）兑：通过定期的仪式和活动在项目内外建立喜悦的工作氛围。

第九章

PL5D与领导力行为对照

《领导力：如何在组织中成就卓越》（以下简称《领导力》）[16]是学习领导力的经典巨著，该书的核心内容是，提出了领越®领导力卓越领导者的五种习惯行为和十大承诺，并以此指导自己的领导行为，从而提升自身的领导力。华为在自己的项目管理认证知识体系中，引用了这本经典著作中描述的卓越领导者的五种习惯行为（以身作则、共启愿景、挑战现状、使众人行、激励人心）。这些习惯行为和对应的承诺为项目领导者提供了一个明确的指南，帮助他们在实践中提升自己的领导力，推动项目的顺利进行，并提高项目的成功率和效率。

《领导力》中的观点与我们长期思考的理念不谋而合。正如该书作者所说："在所有支撑领导者坚持不懈、长期奋斗的因素中，爱的效力最为持久。领导力的培养不仅需要头脑，更需要一颗爱心。领导者必须找到方法，为平凡的商业活动注入更深入的、更振奋人心的信念和理想，追求真理、爱和美好。"世界各大宗教的教义也离不开"爱"，原因就在于：一旦心中有爱，你自然会以最佳的状态与人相处。因此，当项目领导者用爱来看待每个人时，其意向将自然会变得更宽容、更具包容力。

这似乎已经抓住了问题的核心，然而如何将追求"爱"和"美好"的过程真正转化为可以看见、可以实践、可以评估、可以量化的行为状态，这不是简单提醒"保持一颗美好的爱心"就能解决的。越来越多的人发现，尽管他们试图在面对领导、下属、同事和其他人时表现出《领导力》中的习惯行为和承诺，但是效果常常不如预期。项目领导者迫切需要一个全面、有效、可量化、针对项目管理场景的项目领导力模型作为引导，这正是作者想通过本书向广大读者传递的价值。

5D项目领导力模型（PL5D）旨在通过观察现象揭示本质，通过观察行为理解状态，并以能量振动的级别来描述不同的项目领导力状态。只有理解了PL5D模型中的8项原则和40种领导力状态，才能真正从源头改善和提高自己的领导力，自然而然地展现出《领导力》中描述的卓越领导的五种习惯行为和十大承诺，从而在组织中成就卓越。

在本章中，我们将用PL5D与《领导力》中卓越领导者的五种习惯行为和十大承诺进行对照。读者可以单独应用本书的PL5D，也可以从PL5D的角度学习《领导力》一书，将该书描述的卓越领导者的五种习惯行为和十大承诺应用于项目领导工作的实际场景中。期望本书除了能协助项目领导者在巨变时代中成功创造价值，也能够为国内学习、践行卓越领导者的五种习惯行为的所有人士，提供有价值的项目领导方法；为国内想提升领导力的学习者提供有益的参考；为广大读者和公司高管、项目经理提供一本系统完整的项目领导力教材；提供一个基于国内文化和实践的有关领导力发展和赋能的蓝本。

从卓越领导者的五种习惯行为和十大承诺到 PL5D 的对应关系

《领导力》中卓越领导者的五种习惯行为各有两个承诺，这五个领导力习惯行为和十大承诺如下：

1. 以身作则。

（1）明确自己的价值观，找到自己的声音。

（2）使行动与共同的价值观保持一致，为他人树立榜样。

2. 共启愿景。

（3）展望未来，想象令人激动的、崇高的各种可能。

（4）描绘共同愿景，感召他人为共同愿景奋斗。

3. 挑战现状。

（5）通过掌握主动和从外部获取创新方法来猎取改进的机会。

（6）进行尝试和冒险，不断取得小小的成功，从实践中学习。

4. 使众人行。

（7）通过建立信任和增进关系来促进合作。

（8）通过增强自主意识和发展能力来增强他人实力。

5. 激励人心。

（9）通过表彰个人的卓越表现来认可他人的贡献。

（10）通过创造一种集体主义精神来庆祝价值的实现和胜利。

卓越领导者的五种习惯行为和十大承诺按PL5D项目领导力的四个维度（高度、广度、深度和进度）分别进行分类对应，如表9-1所示。

表 9-1　卓越领导者的五种习惯行为和十大承诺对应的 PL5D 维度

五种习惯行为	十大承诺		PL5D 维度与原则
以身作则	（1）明确自己的价值观，找到自己的声音	深度	5. 挡掉干扰，安心专注（艮卦）
	（2）使行动与共同的价值观保持一致，为他人树立榜样	高度	1. 明确战略，紧盯愿景（乾卦）
共启愿景	（3）展望未来，想象令人激动的、崇高的各种可能	高度	1. 明确战略，紧盯愿景（乾卦）
	（4）描绘共同愿景，感召他人为共同愿景奋斗	高度	1. 明确战略，紧盯愿景（乾卦）
挑战现状	（5）通过掌握主动和从外部获取创新方法来猎取改进的机会	高度	2. 迎接改变，竞争卓越（震卦）
	（6）进行尝试和冒险，不断取得小小的成功，从实践中学习	进度	7. 扫清困难，排除障碍（坎卦）
使众人行	（7）通过建立信任和增进关系来促进合作	广度	3. 统合对立，建立信任（坤卦）
	（8）通过增强自主意识和发展能力来增强他人实力	广度	4. 柔和引导，如沐春风（巽卦）
激励人心	（9）通过表彰个人的卓越表现来认可他人的贡献	进度	8. 营造喜悦，有效交付（兑卦）
	（10）通过创造一种集体主义精神来庆祝价值的实现和胜利	深度	6. 放下私欲，乐于奉献（离卦）

从 PL5D 到卓越领导者的五种习惯行为和十大承诺的对应关系

1. 高度：愿景校准力

PL5D模型中的项目领导力高度是指，领导者引导团队成员建立愿景和使命，指明方向，是一种应对变化和变革的能力展现。在《领导力》的五种习惯行为和十大承诺中，共有四个承诺与PL5D的高度对应。其中，三个承诺与PL5D领导力原则1（乾卦：明确战略，紧盯愿景）对应，一个承诺与PL5D领导力原则2（震卦：迎接改变，竞争卓越）对应，如表9-2所示。

表 9-2　与 PL5D 模型中的项目领导力高度对应的卓越领导者的五种习惯行为和十大承诺

PL5D 的 4 个维度	PL5D 的 8 项原则	卓越领导者的 五种习惯行为	卓越领导者的十大承诺
高度	原则 1	以身作则	（2）使行动与共同的价值观保持一致，为他人树立榜样
		共启愿景	（3）展望未来，想象令人激动的、崇高的各种可能
			（4）描绘共同愿景，感召他人为共同愿景奋斗
	原则 2	挑战现状	（5）通过掌握主动和从外部获取创新方法来猎取改进的机会

至于为什么高度对应的卓越领导者的领导力习惯行为和承诺看着很简单，但在实际中做起来很困难，这常常与领导者当下的状态有很大关系。我们将在本节最后对领导者需要达到的PL5D项目领导力状态进行具体说明。

2. 广度：信任统合力

PL5D模型中的项目领导力广度是指，领导者在面对广大项目干系人时，如何统合对立，建立信任，是一种柔和引导，凝聚人心的能力展现。在《领导力》的五种习惯行为和十大承诺中，共有两个承诺与PL5D的广度对应。其中，一个承诺与PL5D领导力原则3（坤卦：统合对立，建立信任）对应，一个承诺与PL5D领导力原则4（巽卦：柔和引导，如沐春风）对应，如表9-3所示。

表 9-3　与 PL5D 模型中的项目领导力广度对应的卓越领导者的五种习惯行为和十大承诺

PL5D 的 4 个维度	PL5D 的 8 项原则	卓越领导者的 五种习惯行为	卓越领导者的十大承诺
广度	原则 3	使众人行	（7）通过建立信任和增进关系来促进合作
	原则 4	使众人行	（8）通过增强自主意识和发展能力来增强他人实力

至于为什么广度对应的卓越领导者的领导力习惯行为和承诺看着很简单，但在实际中做起来很困难，这常常与领导者当下的状态有很大关系。我们将在本节最后对领导者需要达到的PL5D项目领导力状态进行具体说明。

3. 深度：安心专注力

PL5D模型中的项目领导力深度是指，领导者能够带领整个团队在项目中不为各种诱惑或杂事所分心，有很高的自我控制能力，能够挡掉干扰，安心专注，沉稳执着，是一种领导者心甘情愿地放下私欲，乐于奉献的能力展现。在《领导力》的五种习惯行为和十大承诺中，共有两个承诺与PL5D的深度对应。其中，一个与PL5D领导力原则5（艮卦：挡掉干扰，安心专注）对应，一个与PL5D领导力原则6（离卦：放下私欲，乐于奉献）对应，如表9-4所示。

表 9-4　与 PL5D 模型中的项目领导力深度对应的卓越领导者的五种习惯行为和十大承诺

PL5D 的 4 个维度	PL5D 的 8 项原则	卓越领导者的 五种习惯行为	卓越领导者的十大承诺
深度	原则 5	以身作则	（1）明确自己的价值观，找到自己的声音
	原则 6	激励人心	（10）通过创造一种集体主义精神来庆祝价值的实现和胜利

至于为什么深度对应的卓越领导者的领导力习惯行为和承诺看着很

简单，但在实际中做起来很困难，这常常与领导者当下的状态有很大关系。我们将在本节最后对领导者需要达到的PL5D项目领导力状态进行具体说明。

4. 进度：喜悦交付力

PL5D模型中的项目领导力进度是指，领导者在进度上扫清困难，排除障碍，小步快跑，是一种用心营造喜悦的氛围，及时有效交付对客户最有价值的成果和服务的能力展现。在《领导力》的五种习惯行为和十大承诺中，共有两个承诺与PL5D的进度对应。其中，一个与PL5D领导力原则7（坎卦：扫清困难，排除障碍）对应，一个与PL5D领导力原则8（兑卦：营造喜悦，有效交付）对应，如表9-5所示。

表 9-5　与 PL5D 模型中的项目领导力进度对应的卓越领导者的五种习惯行为和十大承诺

PL5D 的 4 个维度	PL5D 的 8 项原则	卓越领导者的 五种习惯行为	卓越领导者的十大承诺
进度	原则 7	挑战现状	（6）进行尝试和冒险，不断取得小小的成功，从实践中学习
	原则 8	激励人心	（9）通过表彰个人的卓越表现来认可他人的贡献

至于为什么进度对应的卓越领导者的领导力习惯行为和承诺看着很简单，但在实际中做起来很困难，这常常与领导者当下的状态有很大关系。我们将在本节最后对领导者需要达到的PL5D项目领导力状态进行具体说明。

5. 热度：熵减赋能力

人们常常发现，尽管他们试图在面对领导、下属、同事和其他人时表现出卓越领导者的习惯行为和承诺，但是效果常常不如预期。已经了解PL5D模型的读者可能发现了问题的答案，那就是PL5D模型中最核心的要素：热度（熵减赋能，激发活力）。

总体而言，卓越领导者的五种习惯行为和十大承诺其实都要求项目领导者的状态必须处于PL5D模型中的热度状态及格线（热度状态9"勇气与坚韧"和热度状态10"信任与可靠"）或之上才可以。如果领导者的状态处在热度状态1~8，他很难真正做到卓越领导者要求的习惯行为和对应承诺。

因此，如果想要做到卓越领导者的五种习惯行为和十大承诺，需要每日三省吾身，时时对照本书第三章中介绍的项目领导力热度状态阶梯图，确保自己在实施领导力的具体行为时保持在热度状态及格线之上。

具体而言，卓越领导者的五种习惯行为和十大承诺与PL5D模型8项原则的40种项目领导力状态之间也有着对应关系。接下来，我们将分别对其描述。

（1）对应PL5D中高度的卓越领导者的习惯行为和承诺所需的具体状态

承诺(2)、承诺(3)、承诺(4)的项目领导力状态至少要达到乾卦中对应的项目领导力状态3~5中的一个，才可以在项目中呈现出《领导力》的习惯行为和具体承诺及其对应的期待效果。提升项目领导力的方法详见本书第四章原则1中的升维思考和降维打击，如表9-6所示。

表9-6　做到卓越领导者的承诺(2)、承诺(3)、承诺(4)至少要达到的项目领导力状态

PL5D 的项目 领导力原则	PL5D 中必须具备的 项目领导力状态	PL5D 热度状态阶梯图中 对应的具体层次
原则1（乾卦）： 明确战略， 紧盯愿景	领导力状态 3"生机勃勃"：无所妥协地活出了独特性，通过项目展现创造创新的力量，展现生机勃勃的生命力	B级（天赋力量：对应热度状态阶梯层级 9~10） • 热度状态阶梯层级 9：勇气与坚韧 • 热度状态阶梯层级 10：信任与可靠
	领导力状态 4"温暖"：向项目团队投注活力与鼓舞的力量，增强了团队的凝聚力，团队成员感受到温暖	A级（成就力量：对应热度状态阶梯层级 11~13） • 热度状态阶梯层级 11：主动与乐观 • 热度状态阶梯层级 12：宽容与感恩 • 热度状态阶梯层级 13：聪慧与明智

续表

PL5D 的项目 领导力原则	PL5D 中必须具备的 项目领导力状态	PL5D 热度状态阶梯图中 对应的具体层次
原则1（乾卦）： 明确战略， 紧盯愿景	领导力状态 5 "完美"： 完全释放并主动驾驭潜藏 在团队之中的高频能量， 使项目团队的梦想与组织 愿景完美合一	A+ 级（完美力量：对应热度状态阶 梯层级 14~16） • 热度状态阶梯层级 14：仁爱与慈祥 • 热度状态阶梯层级 15：喜悦与安详 • 热度状态阶梯层级 16：幸福与宁静

承诺(5)的项目领导力状态至少要达到震卦中对应的项目领导力状态8~10中的一个，才可以在项目中呈现出《领导力》的习惯行为和具体承诺及其对应的期待效果。提升项目领导力的方法详见本书第四章原则2中的升维思考和降维打击，如表9-7所示。

表 9-7　做到承诺 (5) 至少要达到的项目领导力状态

PL5D 的项目 领导力原则	PL5D 中必须具备的 项目领导力状态	PL5D 热度状态阶梯图中 对应的具体层次
原则2（震卦）： 迎接改变， 竞争卓越	领导力状态 8 "主动"： 与自己 "竞争"，有信心 面对变化，主动将焦虑转 移到具有创造性的项目活 动中	B 级（天赋力量：对应热度状态阶梯 层级 9~10） • 热度状态阶梯层级 9：勇气与坚韧 • 热度状态阶梯层级 10：信任与可靠
	领导力状态 9 "觉醒"： 迎接和拥抱竞争，完全适 应了项目变化并真正觉醒， 有能力让一切都变得简单 和清晰	A 级（成就力量：对应热度状态阶梯 层级 11~13） • 热度状态阶梯层级 11：主动与乐观 • 热度状态阶梯层级 12：宽容与感恩 • 热度状态阶梯层级 13：聪慧与明智
	领导力状态 10 "颠覆"： 在项目巨变面前泰然处之， 超越了竞争，示范了一个 在竞争环境中完美颠覆和 融合的典范	A+ 级（完美力量：对应热度状态阶 梯层级 14~16） • 热度状态阶梯层级 14：仁爱与慈祥 • 热度状态阶梯层级 15：喜悦与安详 • 热度状态阶梯层级 16：幸福与宁静

（2）对应PL5D中广度的卓越领导者的习惯行为和承诺所需的具体状态

承诺(7)的项目领导力状态至少要达到坤卦中对应的项目领导力状态13~15中的一个，才可以在项目中呈现出《领导力》的习惯行为和具体承诺及其对应的期待效果。提升项目领导力的方法详见本书第四章原则3中的升维思考和降维打击，如表9-8所示。

表 9-8　做到承诺 (7) 至少要达到的项目领导力状态

PL5D 的项目 领导力原则	PL5D 中必须具备的 项目领导力状态	PL5D 热度状态阶梯图中 对应的具体层次
原则 3 (坤卦)： 统合对立， 建立信任	领导力状态 13 "统一"：具备了统一矛盾、化解对立的能力，不再彼此猜疑，在项目干系人之间初步建立了信任、团结、和谐的关系	B 级（天赋力量：对应热度状态阶梯层级 9~10 ） • 热度状态阶梯层级 9：勇气与坚韧 • 热度状态阶梯层级 10：信任与可靠
	领导力状态 14 "信赖"：建立了难以言喻的相互信赖，项目干系人间有种特别和谐的氛围，像磁力一样吸引着其他人	A 级（成就力量：对应热度状态阶梯层级 11~13 ） • 热度状态阶梯层级 11：主动与乐观 • 热度状态阶梯层级 12：宽容与感恩 • 热度状态阶梯层级 13：聪慧与明智
	领导力状态 15 "共鸣"：拥有了一种将所有似乎不相关的人和事物紧密连接在一起的整体如一的伟大力量	A+ 级（完美力量：对应热度状态阶梯层级 14~16 ） • 热度状态阶梯层级 14：仁爱与慈祥 • 热度状态阶梯层级 15：喜悦与安详 • 热度状态阶梯层级 16：幸福与宁静

承诺(8)的项目领导力状态至少要达到巽卦中对应的项目领导力状态18~20中的一个，才可以在项目中呈现出《领导力》的习惯行为和具体承诺及其对应的期待效果。提升项目领导力的方法详见本书第四章原则4中的升维思考和降维打击，如表9-9所示。

表 9-9　做到承诺 (8) 至少要达到的项目领导力状态

PL5D 的项目 领导力原则	PL5D 中必须具备的 项目领导力状态	PL5D 热度状态阶梯图中 对应的具体层次
原则 4（巽卦）： 柔和引导， 如沐春风	领导力状态 18 "直觉"： 越来越信任自己内在的直 觉和预感，变得更柔软， 整合能力变得更强大	B 级（天赋力量：对应热度状态阶梯 层级 9~10） • 热度状态阶梯层级 9：勇气与坚韧 • 热度状态阶梯层级 10：信任与可靠
	领导力状态 19 "清晰"： 内在直觉变得更加自然和 强大，在人际交往中释放 出一种柔和，将其导向团 队能力和其他干系人的整 合	A 级（成就力量：对应热度状态阶梯 层级 11~13） • 热度状态阶梯层级 11：主动与乐观 • 热度状态阶梯层级 12：宽容与感恩 • 热度状态阶梯层级 13：聪慧与明智
	领导力状态 20 "柔和"： 领导力达到了如水般柔和 的境地，像水滴穿石、风 入心扉一样，让团队和其 他项目相关人员如沐春风	A+ 级（完美力量：对应热度状态阶 梯层级 14~16） • 热度状态阶梯层级 14：仁爱与慈祥 • 热度状态阶梯层级 15：喜悦与安详 • 热度状态阶梯层级 16：幸福与宁静

（3）对应PL5D中深度的卓越领导者的习惯行为和承诺所需的具体状态

承诺(1)的项目领导力状态至少要达到艮卦中对应的项目领导力状态23~25中的一个，才可以在项目中呈现出《领导力》的习惯行为和具体承诺及其对应的期待效果。提升项目领导力的方法详见本书第四章原则5中的升维思考和降维打击，如表9-10所示。

表 9-10　做到承诺 (1) 至少要达到的项目领导力状态

PL5D 的项目 领导力原则	PL5D 中必须具备的 项目领导力状态	PL5D 热度状态阶梯图中 对应的具体层次
原则 5（艮卦）： 挡掉干扰， 安心专注	领导力状态 23 "耐心"： 绝不急于求成；培养出越来 越好的耐心，有创意地驾驭 和积累更大的力量	B 级（天赋力量：对应热度状态阶梯 层级 9~10） • 热度状态阶梯层级 9：勇气与坚韧 • 热度状态阶梯层级 10：信任与可靠

续表

PL5D 的项目 领导力原则	PL5D 中必须具备的 项目领导力状态	PL5D 热度状态阶梯图中 对应的具体层次
原则 5（艮卦）： 挡掉干扰， 安心专注	领导力状态 24 "利他"： 不忘发起项目的初心和使 命——不是只为自己服务， 而是利他，要帮助客户和 项目干系人	A 级（成就力量：对应热度状态阶梯 层级 11~13） • 热度状态阶梯层级 11：主动与乐观 • 热度状态阶梯层级 12：宽容与感恩 • 热度状态阶梯层级 13：聪慧与明智
	领导力状态 25 "宁静"： 能够始终保持平静的心态， 面对各种干扰、压力和矛 盾，像山一样保持不变	A+ 级（完美力量：对应热度状态阶 梯层级 14~16） • 热度状态阶梯层级 14：仁爱与慈祥 • 热度状态阶梯层级 15：喜悦与安详 • 热度状态阶梯层级 16：幸福与宁静

承诺(10)的项目领导力状态至少要达到离卦中对应的项目领导力状态28~30中的一个，才可以在项目中呈现出《领导力》的习惯行为和具体承诺及其对应的期待效果。提升项目领导力的方法详见本书第四章原则6中的升维思考和降维打击，如表9-11所示。

表 9-11　做到承诺 (10) 至少要达到的项目领导力状态

PL5D 的项目 领导力原则	PL5D 中必须具备的 项目领导力状态	PL5D 热度状态阶梯图中 对应的具体层次
原则 6（离卦）： 放下私欲， 乐于奉献	领导力状态 28 "轻松"： 注重内在驱动，能在项目 压力下保持轻松的心态， 热情地做好工作，不让私 欲控制情绪	B 级（天赋力量：对应热度状态阶梯 层级 9~10） • 热度状态阶梯层级 9：勇气与坚韧 • 热度状态阶梯层级 10：信任与可靠
	领导力状态 29 "幽默"： 能客观超脱、幽默地面对 情绪，放下欲望的束缚， 并超越项目 "小集体" 的 利益	A 级（成就力量：对应热度状态阶梯 层级 11~13） • 热度状态阶梯层级 11：主动与乐观 • 热度状态阶梯层级 12：宽容与感恩 • 热度状态阶梯层级 13：聪慧与明智

续表

PL5D 的项目领导力原则	PL5D 中必须具备的项目领导力状态	PL5D 热度状态阶梯图中对应的具体层次
原则 6（离卦）：放下私欲，乐于奉献	领导力状态 30 "欣喜"：像太阳一样无私地照亮和温暖四方，带领项目团队保持一种 "神圣" 的欣喜若狂的工作状态	A+ 级（完美力量：对应热度状态阶梯层级 14~16） • 热度状态阶梯层级 14：仁爱与慈祥 • 热度状态阶梯层级 15：喜悦与安详 • 热度状态阶梯层级 16：幸福与宁静

（4）对应PL5D中进度的卓越领导者的习惯行为和承诺所需的具体状态

承诺(6)的项目领导力状态至少要达到坎卦中对应的项目领导力状态33~35中的一个，才可以在项目中呈现出《领导力》的习惯行为和具体承诺及其对应的期待效果。提升项目领导力的方法详见本书第四章原则7中的升维思考和降维打击，如表9-12所示。

表 9-12　做到承诺 (6) 至少要达到的项目领导力状态

PL5D 的项目领导力原则	PL5D 中必须具备的项目领导力状态	PL5D 热度状态阶梯图中对应的具体层次
原则 7（坎卦）：扫清困难，排除障碍	领导力状态 33 "承诺"：面对项目内外的困难和挫折，不屈从于别人的压力和期望，敢于做出真正的承诺	B 级（天赋力量：对应热度状态阶梯层级 9~10） • 热度状态阶梯层级 9：勇气与坚韧 • 热度状态阶梯层级 10：信任与可靠
	领导力状态 34 "信心"：敢于对客户承诺更多的服务	A 级（成就力量：对应热度状态阶梯层级 11~13） • 热度状态阶梯层级 11：主动与乐观 • 热度状态阶梯层级 12：宽容与感恩 • 热度状态阶梯层级 13：聪慧与明智
	领导力状态 35 "虔诚"：执着专一，不断为更高的目标而献身	A+ 级（完美力量：对应热度状态阶梯层级 14~16） • 热度状态阶梯层级 14：仁爱与慈祥 • 热度状态阶梯层级 15：喜悦与安详 • 热度状态阶梯层级 16：幸福与宁静

承诺(9)的项目领导力状态至少要达到兑卦中对应的项目领导力状态38~40中的一个，才可以在项目中呈现出《领导力》的习惯行为和具体承诺及其对应的期待效果。提升项目领导力的方法详见本书第四章原则8中的升维思考和降维打击，如表9-13所示。

表 9-13　做到承诺 (9) 至少要达到的项目领导力状态

PL5D 的项目领导力原则	PL5D 中必须具备的项目领导力状态	PL5D 热度状态阶梯图中对应的具体层次
原则 8（兑卦）：营造喜悦，有效交付	领导力状态 38 "活力"：充满活力和积极性，营造愉悦的工作氛围，不打扰别人的工作状态，安心发挥特长	B 级（天赋力量：对应热度状态阶梯层级 9~10） • 热度状态阶梯层级 9：勇气与坚韧 • 热度状态阶梯层级 10：信任与可靠
	领导力状态 39 "感动"：不断营造喜悦的氛围，让项目干系人维持一种"服务的感动"，这种感动增加了项目生命力	A 级（成就力量：对应热度状态阶梯层级 11~13） • 热度状态阶梯层级 11：主动与乐观 • 热度状态阶梯层级 12：宽容与感恩 • 热度状态阶梯层级 13：聪慧与明智
	领导力状态 40 "喜悦"：项目干系人的"喜悦"成为常态和觉悟，不知不觉地成为根植于项目 DNA 的自觉状态	A+ 级（完美力量：对应热度状态阶梯层级 14~16） • 热度状态阶梯层级 14：仁爱与慈祥 • 热度状态阶梯层级 15：喜悦与安详 • 热度状态阶梯层级 16：幸福与宁静

10

第十章

5D项目领导力测评

　　5D项目领导力测评可以从个人、团队及组织三个层面进行详细测评。通过测评，可以直观地看到个人、团队和组织在项目领导力的高度、广度、深度和进度这四个维度的量化分数，以及具体表现情况（哪些方面表现得不错，哪些方面还可以重点提高和改善）。本章以项目领导者的个人视角为例，让测评人以自测的方式来简单测评一下自己的项目领导力水平（见图10-1和表10-1）。有关其他不同视角的项目领导力详细测评，请大家访问5D项目领导力的微信公众号（可在微信中搜索公众号"5D项目领导力"）来更深入地了解测评信息和相关服务。

　　本章测评表中的测评分数（1~10分）代表题目中所描述的领导力状态的发生频率，1分表示从不发生，10分表示几乎总是发生。自测者可以根据自己的实际情况进行相应打分。项目领导力测评从高度、广度、深度和进度这四个维度展开，每个维度有两个领导力原则，每个原则都有5道题，分别对应本书第四章至第七章的降维打击部分，并从热度状态折射出该领导力原则的五个不同的层次类别（没有力量、负面力量、天赋力量、成就力量和完美力量）。将每卦前两题的评分相加并填入加总字段中，为负能量总分，负能量总分越高，说明该负能量状态出现的频率越高；将每卦后三题的评分相加并填入加总字段中，为正能量总分，正能量总分越高，说明该正能量状态出现的频率越高。

　　本问卷是个人自评，如果需要进行360度测评，可再邀请直接领导者、四位直接下属、三位同级别同事、两位外部干系人，将这十个人给出的评分相加再除以10，得到平均分。最后可以将360度测评结果与自评的分数进行对照。

5D项目领导力测评

填表人姓名：_____

测评对象：_____

评分标准：

请根据项目领导力状态出现的频繁程度（次数多寡）进行评分，填入测评表的评分字段中。其中，1~10分表示：

1分： 几乎从不	2分： 极少	3分： 很少	4分： 偶尔	5分： 不算少
6分： 还算经常	7分： 经常	8分： 频繁	9分： 非常频繁	10分： 几乎总是

将每卦前两题的评分相加，并填入加总字段中，为负能量总分；

将每卦后三题的评分相加，并填入加总字段中，为正能量总分。

图10-1　5D项目领导力测评表评分标准示例

表 10-1　5D 项目领导力测评表——个人（项目领导者）

题号	问题	评分	加总	领导力面向
1	项目领导者对项目有强烈的无力感，甘于让项目环境来主宰自己，致使团队处于沮丧状态			
2	项目领导者缺乏用项目愿景激励团队的热情，想逃离现况，致使团队处于焦躁状态			
3	项目领导者无惧项目变化，毫不妥协地活出了独特性，通过项目展现创新与生机勃勃的生命力			高度：乾卦明确战略，紧盯愿景
4	项目领导者紧盯愿景，向项目团队注入活力与鼓舞的力量，增强了团队的凝聚力，团队成员能感受到温暖			
5	项目领导者能完全释放并主动驾驭潜藏在团队之中的高频能量，使项目团队的梦想与组织愿景完美合一			

题号	问题	评分	加总	领导力面向
6	项目领导者畏惧突如其来的项目变化，心惊胆战，害怕竞争，在竞争中非常被动，处于畏缩状态			高度：震卦迎接改变，竞争卓越
7	项目领导者对无法预见的项目变化很焦虑，容易因愤怒而呈现出敌意，挑起争端，充满敌对情绪			
8	项目领导者与自己竞争，有信心面对变化，主动将焦虑转移到具有创造性的项目活动中			
9	项目领导者迎接和拥抱竞争，完全适应了项目变化并真正觉悟，有能力让一切都变得简单和清晰			
10	项目领导者在项目巨变面前泰然处之，超越了竞争，示范了一个在竞争环境中完美融合的典范			
11	项目领导者处于迷惑状态，无法与项目干系人有效沟通，感觉正往糟糕的方向发展，变得孤立无助			广度：坤卦统合对立，建立信任
12	项目领导者容易急躁愤怒，对项目干系人采取强制性的控制、管制和约束，让人口服心不服			
13	项目领导者统合了所有对立，不再彼此猜疑，在项目干系人之间初步建立信任、团结、和谐的关系			
14	项目领导者建立了难以言喻的信任，项目干系人之间有种特别和谐的氛围，像磁力一样吸引着他人			
15	项目领导者拥有了一种将所有看似不相关的人与事物紧密连接在一起并使其整体如一的伟大力量			
16	项目领导者迟疑不定和犹豫不决，无法及时与项目干系人沟通			
17	在项目领导者遇到困难和问题时，冲动草率地快速做出决定，导致与项目干系人关系恶化			广度：巽卦柔和引导，如沐春风
18	项目领导者相信直觉和预感，思想能渗入周围的项目干系人，成为应对项目环境的一种本能			
19	项目领导者的直觉变得更加清晰，其柔和引导项目干系人的整合能力变得更加自然和强大			
20	项目领导者的领导力风格达到"柔和的艺术"境界，渗透一切，让聚集在周围的项目干系人如沐春风			

续表

题号	问题	评分	加总	领导力面向
21	项目领导者当项目遇到干扰时不知所措，产生深深的受困感，容易造成生理、情绪和心理上的崩溃			深度：艮卦挡掉干扰，安心专注
22	项目领导者当项目遇到干扰时静不下来，轻举妄动，企图逃避却陷入疲于应付、筋疲力尽的状态			
23	面对项目干扰，项目领导者不急于求成，有耐心，把握节奏，按照自然的步调完成项目			
24	项目领导者用利他的心态来帮助项目干系人，通过无私的力量挡掉项目的一切干扰			
25	面对项目干扰，项目领导者始终保持宁静的心态，达到忘我的境界，呈现出平稳镇定、专心致志的底蕴			
26	项目领导者眼中只有商业利益和KPI，心理冷漠僵化，机械且刻板地执行项目流程和纪律			深度：离卦放下私欲，乐于奉献
27	项目领导者只顾追求商业利益和KPI，对项目流程和程序的约束及控制感到反感，过于放纵自己的欲望			
28	项目领导者注重内在驱动力，能在项目压力下保持轻松心态，热情地做好工作，不会让私欲控制情绪			
29	项目领导者能客观超脱，以幽默的心态面对情绪，能放下欲望的束缚，并超越项目"小集体"的利益			
30	项目领导者像太阳一样无私地照亮和温暖四方，带领项目团队保持一种欣喜若狂的工作状态			
31	项目领导者由于内心懦弱，不敢拒绝，对各种情况都说好，精力被滥用而逐渐耗尽，无法兑现项目承诺			进度：坎卦扫清困难，排除障碍
32	项目领导者因为愤怒而不对项目做出承诺，或者在做出承诺后又很快撤销以应对压力和困难			
33	项目领导者因为内心充满力量而敢于做出承诺，善于化承诺为实际行动，依靠承诺的力量坚持不懈			

题号	问题	评分	加总	领导力面向
34	项目领导者敢于对客户做出更多承诺。能够把自己的"承诺"提升为项目干系人对项目的"信心"			进度：坎卦 扫清困难， 排除障碍
35	项目领导者持有坚定的信念，执着专一，不断为更高目标而不惜牺牲，因而能够战胜一切艰难险阻			
36	项目领导者总是处于一种不满意的状态，团队感受不到喜悦的气氛，态度消极，导致项目干系人都不满意			进度：兑卦 营造喜悦， 有效交付
37	项目领导者因为不满意现状，不断产生各种想法打乱了项目正常节奏，打断和干扰了团队的正常工作状态			
38	项目领导者充满活力和积极性，营造出愉悦的工作氛围，不打扰别人的工作状态，令其安心发挥特长			
39	项目领导者不断营造喜悦的氛围，让项目干系人维持一种"服务的感动"，这种感动充实了项目生命力			
40	项目领导者与项目干系人的喜悦成为常态和觉悟，不知不觉成为根植于项目 DNA 的自觉状态			

参考文献

[1] KOTTER J. Accelerate: Building Strategic Agility for a Faster-Moving World[M]. Boston：Harvard Business Review Press，2014.

[2] 龙永图. 全球经济中心逐渐向亚太转移[N]. 广州日报，2021-04-30.

[3] AHIR H，BLOOM N，FURCERI H. World Uncertainty Index[R]. San Francisco：Stanford mimeo，2018.

[4] NIETO-RODRIGUEZ A. The Project Economy Has Arrived[J]. Harvard Business Review，2021.

https://antonionietorodriguez.com/antonio-nieto-rodriguez/.

[5] PMI，PwC.Narrowing the Talent Gap[OL].[2021-12-20].https://www.pmi.org/learning/thought-leadership/narrowing-the-talent-gap.

[6] KOTTER J，AKHTAR V，GUPTA G.Change: How Organizations Achieve Hard-to-Imagine Results in Uncertain and Volatile Times[M]. New York：Wiley，2021.

[7] PMI. Megatrends 2021[OL].[2021-12-20].https://www.pmi.org/learning/thought-leadership/megatrends/2021.

[8] PMI.Project Management Body of Knowledge[M].7th ed. Philadelphia：PMI，2021 PMI.

［9］王兴钊，李静.项目管理是华为的一种"根能力"[J].项目管理评论，2021.

［10］乔良，王湘穗.超限战与反超限战：中国人提出的新战争观美国人如何应对[M].武汉：长江文艺出版社，2016.

［11］WEINBERGER D. Too Big to Know: Rethinking Knowledge Now That the Facts Aren t the Facts, Experts Are Everywhere, and the Smartest Person in the Room Is the Room[M].New York：Basic Books，2012.

［12］HAWKINS D.Power Vs Force[M]. Carlsbad：Hay House Inc，2014.

［13］徐直军.任正非签发最新电邮：反惰怠反南郭18种行为[OL].(2019-12-11).http://tech.sina.com.cn/csj/2019-12-11/doc-iihnzhfz5091696.shtml.

［14］余秋雨.周易简释[M].北京：北京联合出版社，2021.

［15］PMI. PMI Talent Triangle[OL].[2022-10-30].https://www.pmi.org/learning/training-development/talent-triangle.

［16］库泽斯，波斯纳.领导力：如何在组织中成就卓越[M].6版.北京：电子工业出版社，2018.

反侵权盗版声明

　　电子工业出版社依法对本作品享有专有出版权。任何未经权利人书面许可，复制、销售或通过信息网络传播本作品的行为；歪曲、篡改、剽窃本作品的行为，均违反《中华人民共和国著作权法》，其行为人应承担相应的民事责任和行政责任，构成犯罪的，将被依法追究刑事责任。

　　为了维护市场秩序，保护权利人的合法权益，我社将依法查处和打击侵权盗版的单位和个人。欢迎社会各界人士积极举报侵权盗版行为，本社将奖励举报有功人员，并保证举报人的信息不被泄露。

举报电话：（010）88254396；（010）88258888

传　　真：（010）88254397

E-mail：　dbqq@phei.com.cn

通信地址：北京市万寿路 173 信箱
　　　　　电子工业出版社总编办公室

邮　　编：100036